¡Elemental, querida Zoé!

¡Elemental, querida Zoé!

Ana García-Siñeriz
Jordi Labanda

DESTINO

DESTINO INFANTIL Y JUVENIL, 2012
infoinfantilyjuvenil@planeta.es
www.planetadelibrosinfantilyjuvenil.com
www.planetadelibros.com
Editado por Editorial Planeta, S. A.

Avda. Diagonal, 662-664, 08034 Barcelona
Diseño de cubierta y maquetación: Kim Amate
Primera edición: enero de 2012
Séptima impresión: diciembre de 2014
ISBN: 978-84-08-10061-4
Depósito legal: B. 39.521-2011
Impreso por Cayfosa
Impreso en España – Printed in Spain

El papel utilizado para la impresión de este libro es cien por cien libre de cloro y está calificado como papel ecológico.

Este libro es de

Candela

Lo leí el 1 de Mayo de 2018

en Valencia

Me lo regaló mi madre

Cuando lo termines, elige una casilla:

- [x] ¡Chulísimo! ¡Genial! ¡Me chifla!
(Ésta **ES** la buena.)

- [ ] Interesante, ¡ejem!
(Esto es lo que diría un crítico sesudo.)

- [ ] Me falta algo.
(Eso es que te has saltado páginas.)

- [ ] Para dar mi opinión, tendría que leerlo de nuevo.
(Buena idea. Empieza otra vez.)

Hola, soy Zoé.

¿Te gusta mi nombre?

A mí, sólo a veces. En mi colegio me llaman **«zo-penca»** y **«zo-zo-zo-zombie»**. Muy originales, ¿verdad?

Si vamos a conocernos, mejor que me presente...

A veces saco *malas* notas. Y mi profesora se queja de que me distraigo con el vuelo de una mosca, pero es que me aburro en clase. Y es que

¿quién no se ABURRE allí?

Mi familia
mi madre
mi hermano Nicolás

Mi familia es algo especial.

Mis padres viven en **DOS** casas en **DOS** países diferentes, y tengo una hermana a la que sólo veo de vez en cuando... **¡increíble!**, ¿no? ¡Bueno! Ya te hablaré de ellos con detalle *más* adelante.

Para empezar, te presento a mis amigos. ¡Juntos nos lo pasamos GENIAL!

Somos La Banda de Zoé.

Y si quieres, tú también puedes formar parte de nuestra banda, ¿eh?

Álex

Álex es nuestra especialista en todo lo que tenga que enchufarse...

¡es una *crack*!

Se llama Alexandra pero prefiere que la llamen Álex.

La conocí el primer día de clase. Me defendió en el patio del colegio y desde entonces somos

¡INSEPARABLES!

Le vuelven loca:

Las películas de aventuras, los cachivaches tecnológicos y los ordenadores.

Los pasteles y las chucherías... **¡es MUY golosa!**

No soporta:

Las faldas, las muñecas, la laca de uñas ni nada que sea de color ROSA.

De mayor:

Quiere ser campeona de Fórmula 1. O astronauta. O campeona de...

¡es incapaz de elegir!

Ésta es Álex

Liseta

Liseta es genial para los casos que necesitan de un poco de *intuición* femenina. ¡Ella la tiene toda!

Y además, en su bolso es capaz de encontrar lo que necesitemos en cada momento...
¡parece **MÁGICO**!

Le chifla:

¡La moda! Y *maquillarse* con las pinturas de su madre.

Aunque es guapísima y su pelo es rizado y precioso, sólo sueña con una cosa: tener el pelo LISO.

Detesta:

Hacer deporte, correr, sudar, despeinarse; que Álex le tome el pelo (y más si acaba de salir de la peluquería).

Marc

Marc es el *único* chico de nuestra pandilla.

En seguida se le ponen las orejas tan **ROJAS** como dos pimientos. Es muy inteligente. Tanto, que se hace el tonto para que no le llamen empollón. ¿Tú lo entiendes? Sus padres *tampoco* (sobre todo, cuando le dan las notas...

¡Uuuuuy!).

Éste es Marc

Le encanta:

Aprender, leer, saber...

Odia:

Marc no odia nada.
Pero parece que a él le odien
los lácteos, el gluten,
los perfumes, el chocolate...

¡es ALÉRGICO
a casi todo!

De mayor:

Quiere ser **ESCRITOR**.
Por eso acarrea una
mochila con libros que
nos ayudan en nuestras
aventuras.

Kira

Y *Kira* es mi *queridísima* perrita y miembro honorífico de La Banda de Zoē.

Parece un Labrador pero no es de raza pura. Amanda, la novia de mi padre, la llama

“CHUCHUS CALLEJERUS PULGOSUS”.

(Luego hablaré de Amanda... **¡uf!**)

Sus hobbies:

Perseguir a *Nails*, el gato de Amanda.

¡Ah! y robar las chuletas de ternera en cuanto se descuida mamá.

Está en contra de:

Los perritos calientes (por *solidaridad* perruna).

Y de que mamá la meta en la bañera. Por eso, no la bañamos muy a menudo. Mamá dice que es una perra ecológica porque es de *bajo mantenimiento*, como su coche.

Y yo, que soy

Zoé

Me gusta:

Resolver misterios con la Banda, los *pasteles* de chocolate, abrir antes que mi hermano el paquete de cereales para quedarme con el regalo, je, je...

¡y pisar los *charcos* sin mojarme los calcetines!

No me gusta:

Cortarme las *uñas* de los pies (¡qué grima!), el pescado con espinas, los domingos por la tarde, ¡ni que se rompa la mina en el *sacapuntas* cuando afilas un lápiz!

Vivo en las *afueras* de una ciudad con mi madre y Nicolás, mi hermano pequeño; **un *pesado***.

Mamá es muy buena y nos quiere mucho. Trabaja en una organización que recoge perros abandonados (así encontramos a *Kira* cuando era un cachorro).
Y por eso nuestra casa está *llena* de animales. Y al lugar en el que me reúno con mis amigos lo llamamos **«el gallinero»**.

Y para entender a mi familia se necesita un árbol genealógico, por lo menos...

La Banda de Zoé
somos Álex, Liseta, Marc y yo.
(Bueno, y *Kira*...)

Nuestro cuartel general está en el gallinero. Allí nos entrenamos y estudiamos el *Manual del Agente Secreto para Principiantes* que ha escrito Marc. Hasta *Kira* ha terminado ya el curso básico de *perro-espía*, y ladra en clave cada vez mejor.

¡Estábamos deseando poner en práctica todo lo que habíamos aprendido!

¡Qué emoción! ¡Por fin!

Una nueva aventura de La Banda de Zoé comienza...

¡Aquí!

La tarjeta postal

Todo empezó por culpa de dos perritos y una cesta de margaritas; ¡increíble!, ¿no?

La tarjeta postal

Era verano. Las clases ya habían terminado y hacía mucho calor. Estaba repasando en mi cuarto la última contribución de Marc, el *Manual del Agente Secreto para Principiantes (Nivel 2)*, cuando un sonido **MUY** potente me sacó de la lectura.

—**¡Zoéeeeee!** ¡Mamá tiene una postal para ti!

Ese sonido ultrapoderoso era la voz de mi hermano Nic.

Bajé y encontré a mamá con una postal en la mano. ¿De quién sería? ¿De mi hermana Matilde, de papá? ¡Esperaba que no fuera de Amanda! Todavía no os he hablado de ella, ¿no?... MEJOR.

Nic trató de arrancarme la tarjeta de las manos, pero conseguí escapar y me la guardé para leerla tranquilamente en el gallinero, el cuartel general de La Banda de Zoé.

La postal era muy bonita: dos perritos en una cesta rodeados de margaritas. ¡Claro! Era de tía Angelina.

¡Tenía que haberlo adivinado...!

Queridísima Zoé:

No encuentro las gafas así que no sé muy bien lo que estoy escribiendo... ¡Necesito a alguien que me eche una mano! Además, ¡es horrible, no encuentro a Mika! ¿Podrías venir?

Por cierto, perros por aquí y perros por allá... ¡Ja, ja, ja!

Te quiere, tía A.

P. D. ¿Conoces a una tal Amanda Sigaret? Dice que ella a ti sí... No creo que sea de tu estilo, la verdad...

¿Qué quería decir tía Angelina con eso? Aunque siempre había sido algo especial, esto ya era el colmo, ¡no se entendía nada! Excepto una cosa... ¿qué pintaba Amanda rondando a mi tía? La última vez que la había visto parecía haberse resignado a dejar a mi padre en paz.

Me quedé preocupada...

¿Se habría vuelto majareta la tía Angelina? Y lo peor, ¿estaría Amanda maquinando algo para volver?

Tenía que averiguarlo.

Y ya.

Sólo había un pequeño impedimento: tía Angelina vivía en... **LONDRES**.

Tía Angelina

Nombre
Tía Angelina.

Edad
Misterio...

Familia más directa
Cinco perros y seis hermanas.

Señas de identidad
Amor incondicional por la raza canina.

Manías
Preguntar continuamente dónde ha puesto las cosas.

Rasgo principal de su carácter
Despiste TOTAL.

¡Aló, Matilde!

—**Ni hablar del peluquín** —respondió mamá en cuanto le comuniqué mi plan: ir a ver a tía Angelina.

Mamá jamás dice palabrotas sino expresiones muy raras como esa del peluquín. ¡En fin!

A mamá le encantaba enviarnos de visita con sus hermanas, pero en esta ocasión existía OTRO obstáculo importante que he olvidado mencionar...

Había suspendido **DOS**.

Ya. Ya sé que está mal, pero a veces, pasa. Aunque también lo reconozco, NO debería pasar.

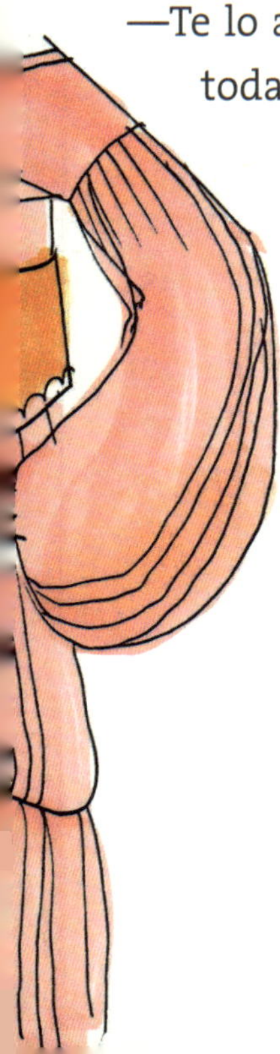

—Te lo advertí, Zoé: nada de vacaciones si no aprobabas todas las asignaturas —me recordó mamá.

—¡Pero si sólo son dos!, ¡y las menos importantes! —protesté a ver si colaba.

—No hay menos importantes, señorita vagoncia —replicó mamá con otra palabra imposible: **¿«vagoncia»?**—. Si no apruebas todo, no hay vacaciones; ni siquiera con mi hermana. ¡A estudiar!

—Pero, mamá, puede que tía Angelina esté en apuros... —le dije—, mira qué cosas tan raras ha escrito.

—¡Típico de mi hermana! —respondió mamá—. ¿Quién tira las cucharas a la basura y guarda los yogures vacíos en la nevera?

—Tía Angelina —respondimos Nic y yo al unísono.

—¿Y quién busca las gafas por toda la casa cuando las lleva PUESTAS?

—¡Tía Angelina!

—Bien, pues ya tienes la respuesta: esa postal de mi hermana Angelina es TOTALMENTE normal. Lo raro sería que te hubiera escrito: «Querida Zoé: ¿por qué no vienes a verme? Te quiere, tu tía» —respondió mamá—. ¡Entonces sí que estaría preocupada! —Y dio por terminada la conversación.

Pero yo no podía dejar de pensar en ello...

La postal de tía Angelina me intrigaba demasiado... y que Amanda tuviera algo que ver me inquietaba mucho más.

Viendo que con mamá no había NADA que hacer, decidí llamar a Matilde. ¡Matilde! Mi hermana cantante y famosa estaría de gira con su grupo FRENCH CONNECTION, casualmente, en... LONDRES.

—¡Hola hermanita! —me saludó alegre—. ¿Te has decidido a venir a nuestro concierto? Actuamos en dos días, ¡y esto no será lo mismo sin ti!

—¡Ojalá! —le respondí—. «Ni hablar del peluquín»; lo ha dicho mi madre, no yo...

—¡Ja, ja, ja! Haz las maletas y vente para acá, ¡te lo ordeno! —bromeó—. Y, además, podrías quedarte en casa de... ¿cómo se llama tu tía, la que tiene TANTOS perros?

—¡Angelina! —respondí.

Sí, era el plan perfecto. Pero, claro, ¡DOS malditos suspensos me lo iban a estropear! No me atrevía a contarle a Matilde la verdadera razón de la negativa de mamá. Porque Matilde es cantante, pero se toma muy en serio los estudios; sobre todo los míos...

¡Qué rabia, con lo que me apetecía ver a su grupo!

—Además —insistió Matilde—, necesito que me ayudes... ¡no puedo ni dar un paso sin que me sigan decenas de paparazzi! ¡Y necesito que me ayudes a elegir el vestuario del resto de la gira!

¡Esto me daba MÁS rabia todavía!

—¡Uy, si se entera Liseta es capaz de colarse en el primer avión que salga hacia Londres! Con lo que le gustan a ella los modelitos...

(Por no hablar de Paul, el guitarra de **FRENCH CONNECTION** y amigo, ejem, de Matilde.)

—No hay más que hablar, Zoé —cortó mi hermana—; pásame con tu madre, que yo le pediré que te deje venir.

—Mejor... no —tartamudeé. ¡Socorro! ¡NO quería que mamá le contara que había suspendido DOS!—. No va a poder ser... Es que no puede ponerse al teléfono... —dije, tratando de inventarme algo—. ¡No le sale la voz!

—Pero ¿por qué? —preguntó Matilde sorprendida.

HYDE
PARK
LONDON
Parrod's

Mi hermana no entendía. ¿Qué le pasaba a mi madre para que no se pudiera poner?

—Es imposible... Verás... —añadí tratando de encontrar alguna explicación—, ¡tiene **PAPERAS**!*

Ya estaba.

¿Por qué se me ocurrió esa estupidez? ¿Por qué «paperas» precisamente? ¿Por qué no algo que pudiera ser verdad?

Por mentir, me estaba metiendo en un **BUEN** lío.

Tenía que improvisar algo rápido... si no, Matilde iba a preguntarme por las paperas de mi madre, y la cosa sólo podría ponerse peor.

Puse una mano sobre el auricular e imité el sonido del teléfono cuando se corta:

¡¡BIP, BIP, BIP!!

—¡Zoé! ¿Qué pasa? —preguntó Matilde desde el otro lado—. Te oigo mal, como si se cortara la línea...

—Lo siento, ¡se corta! ¡No puedo oírte! —grité, y otra vez silbé—: **¡BIP, BIP, BIP!**

¡Qué tontería acababa de cometer! Fingir que no se oía nada y cortar la comunicación.

Entonces aprendí que las mentiras, aunque sean pequeñas, nos arrastran a un desastre AÚN mayor...

...h, Cuore mío!

LOVE INSIDE

...RAS LOS PASOS DE MATILDE

Nuestros artistas favoritos son ¡FRENCH CONNECTION! Un trío que hace una música GENIAL. Matilde y Paul se conocieron en el Metro de París... ¡justo cuando la banda necesitaba un nuevo guitarra con urgencia!

¡Fue tan romántico...!

TUVO QUE SER EL DESTINO...

Las notas de Marc

***Paperas:** enfermedad infantil que provoca fiebre y enrojecimiento.

La libreta de Zoé

Ayuda a Matilde a elegir su vestuario para su próxima gira

Sardinas y gardenias

¡¡Reunión URGENTE de la Banda!!

FECHA
esta tarde, antes de que TODO el mundo desaparezca por vacaciones

LUGAR
el gallinero

HORA
la de merendar

TEMA DEL DÍA
la postal de tía Angelina

CONTRASEÑA
«PAPERAS»

Pues sí, estaba metida en un buen lío.

Por un lado Matilde pensaba que mamá tenía paperas. GLUPS.

Y por otro, me preocupaba que tía Angelina se estuviera volviendo un poco chiflada.

Así que, más que un lío, tenía **DOS**.

Decidí que tenía que reunirme con La Banda URGENTEMENTE, antes de que desaparecieran por vacaciones. Los otros cuatro e importantísimos miembros de La Banda de Zoé son Álex, Marc, Liseta... y *Kira*.

—Espero que el tema sea importante —se quejó Liseta—, he cancelado mi cita en la manicura* para poder venir.

—Y yo he dejado a mi abuela sin poder ver su serie favorita —dijo Álex—; necesitaba su antena... Je, je.

—Y yo estaba leyendo el **Daily E Mail** —dijo Marc—. ¡Mirad!

GRAN EXPOSICIÓN EN LONDRES

La Galería OI NK exhibe desde hoy el primer fósil de dinosaurio encontrado e identificado en el mundo. Se trata de un hueso de iguanodonte hallado en Inglaterra en 1822.

La exhibición cuenta con el apoyo del importante coleccionista George Pyg. Su colección es una de las más importantes del mundo aunque su rostro sea desconocido. ¡Para mantener su vida en la normalidad, nunca ha permitido que se le haga una foto!

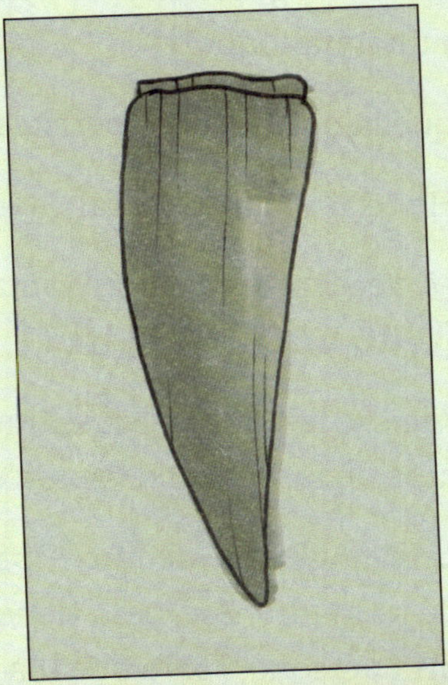

Uno de lo
Charles Te
dispositivo
1868 y 18
industrial
a la fabrica
la conserv
el éter di
industria,
primer fri

Ese mism
transport
manera s
a larga d
(concreta
ciudad fr
se pudier
comienzo

—Muy interesante, Marc, esta historia de los huesos de dinosaurio —dijo Liseta—, pero Zoé tiene algo que contarnos que NO tiene nada que ver.

—Pero... creí que podría interesaros —añadió Marc, tímidamente—. ¡El famoso diente de iguanodonte! Y George Pyg... ¡Guau! Es un loco capaz de remover la tierra, de verdad, para encontrar alguna pieza que añadir a su colección.

—Puede que más adelante, Marc —zanjó Liseta—; primero vamos a escuchar a Zoé.

Marc guardó su periódico, molesto, y Liseta sonrió con aire de triunfo; ¡iguanodontes a ella! Por cierto, ¿qué demonios era un iguanodonte?

Saqué la postal de los perritos y empecé mi explicación.

—He recibido una postal... —comencé— esta postal.

—¿A veeeer? —exclamó Liseta quitándomela—. ¡Qué monada! ¡AY!

—Álex se la arrancó bruscamente y sacó una lupa de tamaño extra para examinarla.

—Letra inglesa —dedujo— parecida a la de tu madre, Zoé, pero tiene que ser de otra persona; ¿para qué iba a enviarte tu madre una tarjeta postal cuando con llamarte desde la cocina ya le vale?

Y como por arte de magia se oyó:

—**¡¡¡¡ZOÉEEEEEEE!!!** —Era Nic, pero hicimos como que no lo habíamos oído.

Álex siguió.

—Lo que nos lleva a pensar que debe de ser de alguien muy parecido a tu madre... ¿una de sus seis hermanas, quizá? —dijo antes de darle la vuelta. Asentí para decirle que era de mi tía Angelina, pero me cortó—: ¡No! ¡No hables! Estoy siguiendo los métodos de Scotland Yard...

Pura deducción... ¡Humm!, hay rastros de huellas dactilares: las del sujeto llamado Zoé... ¿Has comido mermelada? Mmmm... y puede que también haya huellas del cartero... Y aquí... se aprecia un tenue olor a gardenia —dijo, acercándose la tarjeta a la nariz.

—Gardenia: el perfume de mi tía A...

—Espera, **¡NO HABLES!**, que casi lo tengo —cortó Álex de nuevo—: aroma de gardenia mezclado con el de gasolina y... sardinas con tomate... y ¡cebollita! —continuó Álex relamiéndose—. Lo que confirma la teoría del cartero: el de sardinas es su bocadillo preferido... y su moto pierde gasolina.

Entonces Liseta perdió la paciencia y le arrancó la tarjeta postal.

—¡Eres un genio, Álex! Sardinas, cebollita, gasolina y gardenia...Tiene el aroma del perfume de su tía Angelina y está escrita con la letra de su tía Angelina, porque...

¡¡ES UNA POSTAL DE SU TIA ANGELINA!!

¡¡Sólo tenías que leer la firma!! ¿Ves?

—Bueno, bueno, calma... —terció Marc—, o nunca nos enteraremos de lo que nos quiere contar Zoé.

Los cuatro (con *Kira*) giraron sus cabezas hacia mí. Y entonces, se oyó de nuevo a Nic, llamarme aún más fuerte.

—**¡¡¡¡ZOÉEEEEEEEEEEEEEEE!!!!**

Los líos en los que me había metido me perseguían. ¿Qué habría hecho esta vez?

—Chicos, algo me dice que mi tía Angelina está en apuros, pero mi madre no quiere ni oír hablar de mandarme a Londres —les expliqué rápidamente—. Me temo que tendremos que dedicarnos a investigar dónde ha enterrado *Kira* el último hueso que robó de la cocina...

—¿No habrá robado ella el hueso del IGUANODONTE? —bromeó Marc riéndose.

Kira agachó las orejas; no le había hecho mucha gracia nuestra broma.

—¡Veis! —exclamé—. ¡No hago más que tonterías! ¡Hasta *Kira* se enfada conmigo!

Y entonces Nic volvió a gritar a pleno pulmón:

—**¡¡¡ZOÉEEEEEEEEEEEEEEEEEEEEEEEEEEEEEE!!!**

—Tengo que irme —dije—. Nos vemos en septiembre... que lo paséis bien...

¡Y salí corriendo hacia mi casa antes de que mi madre se enfadara como un iguanodonte al que le hubieran arrancado **TODOS** los dientes!

Los trucos de Álex

Scotland Yard

Scotland Yard es como se conoce a la policía de Londres.

Se hizo muy popular en todo el mundo gracias a las novelas protagonizadas por el detective Sherlock Holmes.

Las notas de Marc

¿Qué es un iguanodonte?

El iguanodonte es el primer dinosaurio que se identificó como tal. Los huesos de dinosaurio que se habían encontrado hasta entonces se creía que eran de dragones o gigantes.

Un médico inglés llamado Gideon Mantell —en realidad su mujer, Mary Anne— fue quien, en 1822, descubrió el primer fósil de iguanodonte, un diente, en un bosque de Inglaterra. Lo llamó iguanodonte porque el diente encontrado se parecía al diente de una iguana.

Curioso, ¿verdad?

***Paleontología**
Ciencia que estudia a los seres desaparecidos a través de sus restos fósiles (huesos).

El diario de Liseta

***Manicura**
Operación que consiste en el cuidado y pintura de las uñas.

La desbandada

Nos quedamos en...

—¡¡**ZOÉEEEEEEEEEEEEEEEEEEEEEEEEEEEEEEE!!!**

Así que corrí hacia casa con el súper grito de Nic retumbándome en los oídos.

Estaba dispuesta a confesar todos los líos, pero YA era demasiado tarde. Mamá lo sabía todo: Matilde había llamado para preguntar qué tal estaba mamá... de las paperas.

¡¡¡ARGHHH!!!

—¿Cómo puedes decir mentiras, Zoé? ¿Y tan bobas? —me preguntó mamá sorprendida—. ¡Soy una adulta que ha pasado YA todas las enfermedades infantiles!

¡Lo sentía tanto! Le aseguré que nunca jamás lo volvería a hacer. Tímidamente, me atreví a enseñarle de nuevo la postal de tía Angelina.

—Pero ¿por qué no puedo ir a Londres? —insistí OTRA vez.

—Últimamente has hecho demasiadas tonterías, Zoé —se justificó mamá—, y temo que enviarte con mi hermana Angelina, aunque sea una persona adorable, no haría más que empeorar las cosas. Ya sabes cómo es.

—No es justo —protesté.

—Lo siento, Zoé, pero esta vez Angelina tendrá que buscar ayuda en otra parte; dije que no y es que NO.

Mamá se mantenía firme... y yo abandoné mis esperanzas.

El verano siguió su curso. Marc, Liseta y Álex se marcharon. Marc a aprender chino mandarín, Álex a desmontar (y montar) motores de coche y Liseta... a hacer un curso de maquillaje para animales (¡¡¿¿¿los animales se maquillan???!!).

Y yo, me quedé en casa **MUY**, **MUY** aburrida.

¡Ni siquiera podía hablar con Matilde, porque ya había comenzado la gira con su grupo!

Escuchaba sus canciones una y otra vez, ¡Superman era mi favorita! Y si quería saber algo de ella, sólo tenía que ir al kiosco. En la última revista, habían sacado una foto de Matilde con su nuevo acompañante... que no era otro que ¡papá!

¡No DABAN una!

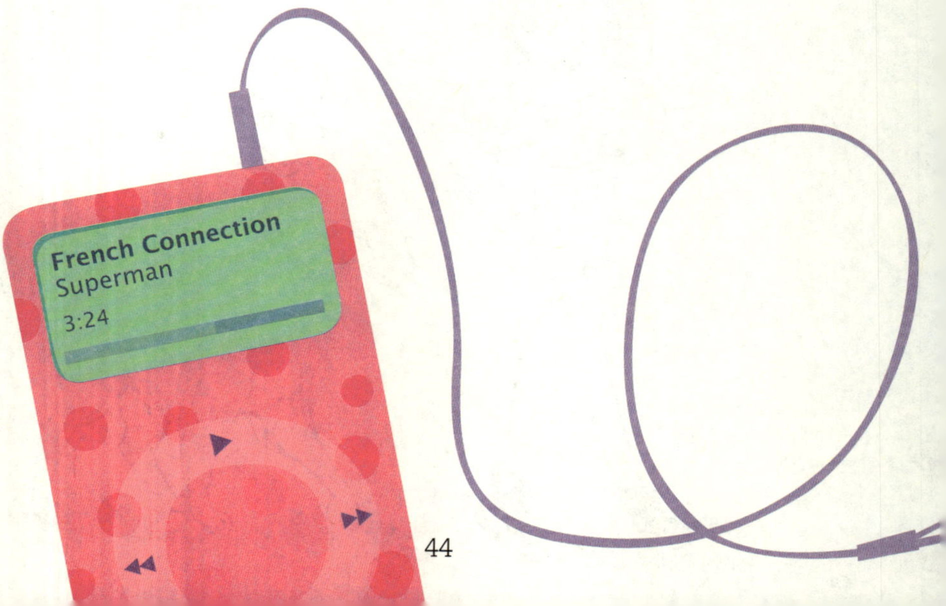

Oh, Cuore mío!

LOVE INSIDE

¡OTRA VEZ LA HEMOS VUELTO A PILLAR!

tilde en la Riviera Francesa con un
allero un poco madurito para ella, ¿no?
ecían entenderse MUY bien y se trataban
gran FAMILIARIDAD.

¡ A ver si ahora nos va a decir que era su PAPÁ!

¿Quién será el nuevo y misterioso acompañante de nuestra cantante favorita?

¿Y qué pensará **Paul** de todo esto, eh?

GHHH... **Matilde**,
nita, tanta raya...
OS RAYA.

La cantante de **French Connection** no se ha ocultado de las cámaras y ha dado rienda suelta al cariño que profesa a su acompañante, con total naturalidad.

Forman una pareja muy atractiva, incluso podría decirse que entre ellos hay cierto parecido.

¡A ver si ahora va a resultar que es su tío el del pueblo!

P.D. A ver qué pueblo es ése... que nos vamos para allá...

¡Gracias, Nic!

Y de repente... pasó.

Una mañana Nic se levantó algo más pesado que de costumbre. ¡Se rascaba furioso! Mamá lo inspeccionó y reveló lo que se temía.

—No es grave, pero tiene la varicela. Tranquila, tú ya la has pasado, pero tenemos que llamar al doctor. ¡Y deja de rascarte o te quedarán marcas! —ordenó a Nic.

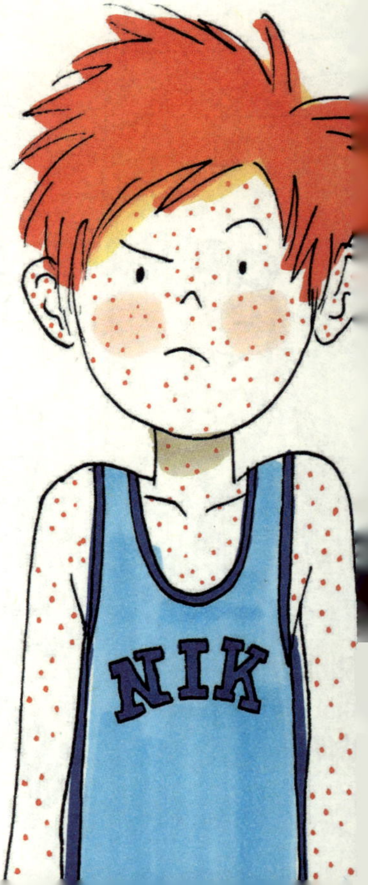

Nic se escapó corriendo. Quería rascarse. Y no le hacía gracia tener la varicela y que yo no la tuviera.

A Nic no le gustaba ni siquiera la palabra DOCTOR.

—**¡Médico caaaacaaaa!** —gritó. Y salió pitando sin que ni mamá ni yo pudiéramos hacer nada.

Cuando volvió, mamá se había recostado en el sofá. No se encontraba muy bien.

—¿Puedes mirarme detrás de las orejas Zoé? —me pidió.

Tenía unos puntitos diminutos de color **ROJO**.

—¡No lo entiendo! —dijo, rascándose con disimulo—, si esto es una enfermedad infantil...

El doctor confirmó sus sospechas: Varicela.

—Entonces, si Nic y tú estáis malos y yo YA he pasado la varicela... ¿puedo ir a casa de tía Angelina? —pregunté con mucho cuidado.

—¡¡¡NOOOOO!!! —Mamá no se daba por vencida. Montaría una enfermería en casa y yo podría pasar una semana con papá.

¡YUJUUUU!

Desgraciadamente, papá nos confirmó que había puesto rumbo a **TOKIO**, en viaje de negocios. ¡Vaya, si acababa de verlo —en una revista, je, je— con Matilde en la Riviera Francesa!

Pero no había que olvidar que mamá tenía seis hermanas.

Llamamos a tía Lara. ¡Qué casualidad! A su vez nos estaba llamando para contarnos que, no sabía cómo, **GLUPS**, tenía la **VARICELA**. Imposible quedarme con ella.

Tía Lisa, la siguiente, nos confirmó que sufría de picores sospechosos. Descartada.

Lo mismo tía Leyla. Lo sentía tanto, pero no podía parar de rascarse y menos pensar en acoger a nadie.

Tía Lola —la de carácter más seco— acusó a mamá directamente de haber sembrado una epidemia en la familia. Quedó muy claro que NO.

—No te preocupes —me tranquilizó mamá—, mi hermana gemela Lou pasó la varicela cuando éramos pequeñas. Y es muy cariñosa...

Efectivamente, había pasado la varicela, el sarampión, las paperas y hasta la escarlatina. Pero llevaba dos días sin poder parar de rascarse...

—Lo siento, Zoé, pero mis perros me han dejado un regalito... ¡pulgas!

¡Vaya!, parecía que todo se ponía en contra de mamá. Casualmente, la tarjeta postal con los dos perritos reapareció sobre la mesa de la cocina. Y la invitación de tía Angelina seguía en pie.

—¡Está bieeeeeen! —concedió mamá, dándose por vencida. Sabía reconocer una derrota en forma de epidemias de varicela, pulgas y hermanas fuera de combate. Pero yo tendría que prometer que iba a estudiar... y no meterme en más líos.

Iría a Londres, ayudaría a tía Angelina y vería a mi hermana Matilde. ¡Genial!

¡¡¡YUJUUU!!!

La libreta de Zoé

Mamá y sus hermanas

Angelina

Angelina es la mayor.

Grado de excentricidad

Máximo.

Lara

Lara es la segunda.

Grado de excentricidad

Muy elevado.

Lisa

Lisa es la tercera.

Grado de excentricidad

Alto.

Leyla

Leyla es la cuarta.

Grado de excentricidad

Medio alto.

Lola

Lola es la quinta.

Grado de excentricidad

Medio.

Lou y mamá

Lou y mamá son las sexta y séptima: son gemelas.

Grado de excentricidad

Moderado.

La libreta de Zoé

Pasaporte para LONDRES

Viajeras
Zoé (y *Kira*).

Destino
LONDRES, capital del Reino Unido.

Moneda
Libra esterlina (en inglés, *pound*).

Monumento emblemático
El Big Ben.

Papá

Señas de identidad
Padre de Zoé.

Características
Hombre de negocios muy ocupado

Manías
Llamar TODOS los días para dar las buenas noches esté donde esté.

Rasgo principal de su carácte
¡Es genial!

Pesadilla particular
Amanda Sigaret... ¡Arghhh!

¡Y llegó el día del viaje!

Yo ya puedo viajar sola... Pero mamá no pensaba igual.

—Ni hablar del peluquín —exclamó. ¡Y dale!

Matilde vendría a buscarme para ir a Londres... desde Londres. Fin de la discusión.

Antes de marcharnos, mamá me hizo mil recomendaciones de las suyas: toma cinco raciones de fruta y verdura al día, recuerda que tienes que reciclar también en casa de tía Angelina y, sobre todo, no te metas en más líos... ¿Por qué TODAS las madres repiten las mismas cosas?

Menos mal que con tía Angelina, **NADA** es así.

Tras un largo viaje, Matilde y yo llegamos, por fin, al edificio de tía Angelina.

Había un señor esperando el autobús bajo la sombra de un árbol; un señor de aspecto muy normal, pero me pareció que había algo extraño en él.

—¿No te parece un poco sospechoso ese señor que está leyendo el periódico?

Matilde lo miró.

—Es de lo más normal... ¿En qué lo encuentras sospechoso? —me preguntó.

—Bueno, en que si de verdad está leyendo el periódico... es extraño que lo haga del revés.

Matilde se rió.

—¡Es cierto! Será un paparazzi... ¡ya sabes que me persiguen por todas partes!

Entonces, el hombre del periódico al revés vio que lo habíamos descubierto y se marchó a toda prisa. No le dimos más importancia y apreté el botón del interfono.

—¡Se ha equivocado de piso! —exclamó la voz de una vieja cascarrabias.

—Te has confundido de botón —susurró Matilde.

—¿Quién molesta? —preguntó entonces una voz de niña.

—Debe de ser el otro botón —insistió Matilde.

—No serán de la perrera, ¿verdad? —preguntó otra voz ronca y muy rara.

No me había equivocado. A tía Angelina le gustaba poner voces cuando alguien llamaba por el telefonillo. Para espantar a los pesados.

—Soy yo, tía; Zoé. Bueno, somos Matilde, *Kira* y yo.

Kira quiso saludar: **¡GUAU!**

—¡¡¡Cariiiiiiñoooos!!! —respondió ya con voz de tía Angelina—, bajo a abriros en medio minuto, en cuanto encuentre esa condenada llave del portal...

Pasó **UN** minuto. Matilde dejó la maleta en el suelo.

Pasaron **CINCO** minutos. *Kira* se sentó sobre sus patas traseras.

Pasaron **DIEZ** minutos. Yo me senté en la acera y recordé las bromas que hacían las demás hermanas sobre Angelina y lo graciosas que me parecían entonces.

Y pasaron **TREINTA** minutos. Matilde se había descalzado y se abanicaba con una revista, *Kira* sacaba la lengua pidiendo agua y yo estaba a punto de... cuando ¡por fin! se abrió la puerta. Pero, de repente... **¡¡CLAC, CLAC!!** ¡Esta vez SÍ eran fotógrafos! ¡Nos habían encontrado! Matilde trató de huir pero ya era demasiado tarde:

Mika, *Velvet*, *Blackie*, *Royal* y *Pink* salieron en tromba ladrando y saltando encima de nosotros. Y detrás, tía Angelina.

—¡Quietos, que me vais a tirar! —exclamó reteniendo a los perros—. ¡Condenadas llaves! No sé cómo, pero se han movido de sitio —dijo.

¡Ya! ¡Típico de tía Angelina!... Llaves con patitas que se escapan... Perros por todas partes... Y nada para cenar.

¡Oh, Cuore mío!

LOVE INSIDE

¡MATILDE, PILLADA

¡La famosa cantante de **Frenc** **Connection** sorprendida en Londres con CINCO perros com toda compañía!

K.O

Triste y solitaria... ¿H cambiado el amor de por el del mejor amigo hombre?

Habrá que preguntárs Paul.

¡SEGUIREMO INFORMAND

¡Cuidado, Zoé!

El hombre que leía el periódico al revés NO es lo que parece. ¿No te parece demasiado raro?

¡Si Kira hablara!

Royal

un pastor alemán, apto para perro policía.

Pink

una westie con mucho genio.

Blackie

un terrier todo negro muy simpático.

Velvet

Un Fox Terrier vivaz y con mucho nervio.

Mika

una perrilla callejera. La más lista de todos.

La explicación

¡Vaya lío el que se montó al llegar a casa de tía Angelina!

Y menos mal que Matilde llevaba unas galletas en su bolso, porque si no, nos habríamos quedado sin cenar. Porque tía Angelina **NO** presta atención a cosas tan prácticas y aburridas como a qué hora hay que comer...

—Querida Zoé —comenzó a explicarme—, espero no haberte alarmado con mi tarjeta postal.

—¡Por eso he venido! —le respondí—. De hecho, la tengo aquí conmigo.

Queridísima Zoé:

No encuentro las gafas así que no sé muy bien lo que estoy escribiendo... ¡Necesito a alguien que me eche una mano! Además, ¡es horrible, no encuentro a Mika! ¿Podrías venir?

Por cierto, perros por aquí y perros por allá... ¡Ja, ja, ja!

Te quiere, tía A.

P. D. ¿Conoces a una tal Amanda Sigaret? Dice que ella a ti sí... No creo que sea de tu estilo, la verdad...

—¡Pero si es la tarjeta de una persona completamente chalada! —exclamó tía Angelina—. ¿De verdad he escrito yo eso?

—Sí... —respondí en voz baja.

—Bueno, vaya, vaya, ¡sorpresa!, ¡encontré las gafas! —exclamó señalándolas encima de su cabeza—. Ja, ja, ya has visto a *Mika*, está escondida debajo de la cama.

—Sí, ya la he visto al llegar —añadí.

—Pero si escribí eso es que debía haber algo que sí es importante —dijo tía Angelina preocupada. *Mika* le tiró del borde del pantalón y tía Angelina pareció recordar qué era lo realmente importante—. ¡Ya me acuerdo! Gracias, *Mika*. Alguien se está llevando a los perros de esta ciudad —reveló muy misteriosa.

Los perros saltaron de los sofás y se arremolinaron en torno a nosotras como si la hubieran entendido.

—¿Cómo «llevando»? —preguntó Matilde—. ¿Quieres decir robando? ¿Quién puede hacer algo así?

—Alguien a quien no le gustan los perros de dos colores, es evidente —añadió tía Angelina. Hablaba como si estuviéramos al tanto de todos los detalles.

—¿Quieres decir que alguien se está llevando a todos los perros de dos colores? —repitió Matilde.

—¡Qué inteligente eres, querida Matilde! Pero sólo a los perros con media cara blanca y la otra negra —confirmó tía Angelina.

Kira miró su reflejo en uno de los cristales de la puerta. Tenía el pelo alrededor de los ojos del mismo color, así que no era su caso. Aliviada, ladró: **¡GUAU!**

Entonces un hombre vestido con una especie de kimono entró en la habitación sigilosamente, se acercó por detrás a tía Angelina y apoyó un extraño artilugio de madera en su espalda. ¡*Kira* se preparó para saltar en su ayuda y yo grité!

—¡Socorro! —Pero cómo estábamos en Londres, preferí gritar en inglés—: HELP!

HELP! es una de las canciones más conocidas de **LOS BEATLES**, que siguen siendo el grupo de música pop más famoso de todos los tiempos.

THE DAILY E-mail

A PARTIR DE MAÑANA EL SOL IRÁ A PILAS

más informaci
en página

EL MISTERIO DEL PERRO ARLEQUÍN

UN EXTRAÑO CASO TIENE EN JAQUE A SCOTLAND YARD. LO HAN DENOMINADO EL MISTERIO DEL PERRO ARLEQUÍN

Hasta el momento varias decenas de propietarios han denunciado en comisaría el robo de sus fieles animales de compañía.

¿El misterio? El ladrón o ladrones sólo se lleva a los perros con una particularidad: media cara blanca y la otra negra.

La policía no ha dado n información.

Bla, bla, bla, bla y más bla, bla, bla...

El rey de los masajes

¡Vaya susto!

Nos habíamos quedado en el momento en que un señor con kimono iba a golpear a mi tía con un aparato de madera cuando...

—¡*Ahhhhh...!* —suspiró tía Angelina—, gracias, Seiji; ¡eres el **Rey de los masajes**!

Kira se echó hacia atrás y yo me relajé.

¿Seiji? ¿Rey de los masajes? ¿Su mayordomo, quizá? Estaba usando la lógica del *Manual de Agente Secreto para Principiantes (Nivel 2)*. *Kira* me miró aprobando mi deducción. ¡Ella también había leído el manual!

Seiji no era ningún delincuente, sino el mayordomo de mi tía: un eficiente fisioterapeuta además de gran cocinero y experto en artes marciales. Y en ese momento le masajeaba la espalda.

—¿Tienes alguna idea de quién puede estar robando los perros y para qué? —pregunté a tía Angelina, volviendo al misterio.

—Ni idea, querida Zoé. Por eso te llamé. Me ha dicho un pajarito que ayudaste mucho a tu padre con aquella fea historia del gato egipcio que desapareció del Louvre.

—¿Mamá? —pregunté extrañada.

Que yo supiera, mamá no tenía ni idea de mis, ejem, nuestras actividades extraescolares. Las de La Banda de Zoé...

—No, mi vida; tu querida hermana Matilde, que de vez en cuando, pasa a verme. ¡Es tan adorable! —Matilde sonrió a tía Angelina que, en seguida, se explicó—: Estoy organizando una fiesta con gente importante para recaudar dinero, ya sabes, de alguna manera hay que mantener los refugios de animales abandonados; y Matilde y **FRENCH CONNECTION** van a ser la gran atracción.

¡FRENCH CONNECTION iban a actuar!

Entonces tía Angelina pareció recordar algo. Algo muy importante.

—¡Seiji! ¿Dónde está *Jack*? —preguntó, buscando inquieta con la mirada.

Los perros levantaron las orejas y miraron a su alrededor.

—¿*Jack*? —le pregunté—. ¿Quién es *Jack*?

—¡Esto era lo que quería decirte! ¡Cómo he podido olvidarme de lo más importante! —exclamó empujando al pobre Seiji, que casi se cae—. ¡*Jack*! —gritó—. ¡JAAACK!

La puerta se abrió de un golpe y entró corriendo... otro perro.

—¡Cariño! —dijo tía Angelina abrazándolo—, mi perrito bueno... ¿Dónde estabas? No des esos sustos a tu tía Angelina.

¡**OTRO** perro! Mi tía contaba con un nuevo amigo (ya eran SEIS perros en casa, sin contar a *Kira*...). Tenía el pelo sedoso, las orejas levantadas y una cola larga y de color negro. Pero cuando se giró hacia mí descubrí que... su ojo estaba rodeado de pelo negro y el otro... de pelo blanco. ¡Era un perro arlequín! Coincidía cien por cien con la descripción de aquellas extrañas desapariciones.

¡AJÁ! Eso era lo que tenía preocupada a mi tía:

JACK.

El rey de los masajes

Nombre
Seiji.

Profesión
Cocinero, masajista, paseador de perros, etc.

Señas de identidad
Se desliza en silencio por casa pero sin intención d asustar a nadie.

Idioma
Todo lo dice con la «ele».

Aficiones
Artes marciales y cocina exótica.

Nombre
Jack.
Nuevo perro de tía Angelina.

Señas de identidad
Rostro de dos colores, blanco y negro.

Raza
Border Collie.

Edad
Seis meses.

Manías
¡Perseguir a señoras que salen de la peluquería!

¿Dónde está Jack?

A la mañana siguiente tía Angelina salió a pasear a los perros y yo aproveché para llamar a mis amigos; ¡los echaba tanto de menos!

Primer obstáculo: imposible contactar con Marc. Sabía que quería estudiar mandarín durante el verano, ¡pero no que fuera a hacerlo en China!

Liseta había salido a la peluquería. Bueno, no tardaría en volver. ¡O sí! Cuando le alisaban los rizos tardaban horas...

Afortunadamente, Álex seguía al pie del cañón controlando a través de las cámaras que había instalado en el gallinero lo que ocurría allí en nuestra ausencia.

—¡Hola, Zoé! —me saludó—. Aquí todo bajo control. Sólo un pequeño incidente provocado por las gallinas, *Pía* y *Mía*: ¡han confundido al cartero con un ratero y le han picoteado las pantorrillas!

¡*Pía* y *Mía* estaban yendo demasiado lejos en su deseo de ser perros! Parecía que, además, tenían la intención de convertirse en perros guardianes.

—¡Creo que tenemos un caso! —le informé.

Álex pareció no darse por enterada.

—Sí, bueno, tu madre le ha remendado los pantalones al cartero y han quedado casi como nuevos... ¡y se le ve bastante contento! Aunque ya ha dicho que, a partir de ahora, las cartas las va a dejar en el buzón.

—¡Álex, déjate de carteros! —exclamé—. ¡Puede que tengamos un caso de verdad!

Aquí, alguien está haciendo desaparecer a los perros con la cara blanquinegra y nadie sabe ni quién lo hace ni por qué. Me da que podríamos investigarlo...

Había que reunir a La Banda y trasladarlos a todos hasta allí. Pero Marc estaba en China... Complicado, ¿no?

—¡Con las ganas que tengo de conocer Londres! —dijo Álex entusiasmada—. Está difícil; algo así sólo lo podría arreglar Matilde y... no sé... tendría que ser por algo realmente importante...

Entonces noté cómo una mano se posaba con cautela sobre mi hombro, una mano suave y casi, casi fantasmal...

—¡¡AHHHHH!!

—Quelida Zoé, ¡no quelel asustal!

¡Uf! Era Seiji... otra vez. Ese hombre parecía un espíritu en vez de un ser de carne y hueso. Venía a anunciarme que tía Angelina había vuelto y estaba MUY alterada. ¿Qué habría podido pasar?

—¡ Álex!, por ahora me parece que lo de Londres no va a poder ser, pero te llamo luego —dije; colgué el teléfono y, de un salto, eché a correr hacia el salón y adelanté a Seiji.

Cuando entré, tía Angelina se derrumbaba sobre el sofá con uno, dos, tres, cuatro y... ¡uf, menos mal!, *Kira*... seis perros. Pero ¿dónde estaba el número siete? ¿CUÁL de ellos faltaba?

—¡Qué desgracia! —exclamó tía Angelina, tapándose la cara con las manos—. No entiendo cómo ha podido pasarme algo así... **¡SE HAN LLEVADO A *JACK*!**

¡No! ¡Al cachorro con la carita blanquinegra no!

El ladrón de perros había vuelto a actuar. Y ahora sí, el caso nos tocaba muy de cerca. Para desentrañar ese misterio necesitaba a mis amigos: tenía que reunir a La Banda urgentemente.

¡A La Banda de Zoé!

La libreta de Zoé

Lista de cosas MUY urgentes:

1. Llamar a Matilde.
2. Reunir a La Banda.
3. Avisar a Liseta de que no traiga mucha ropa.
4. Prevenir a Marc; ¿será, también, alérgico a los perros?
5. Datos para Álex: en el Reino Unido se circula por la izquierda y los enchufes son diferentes al resto del continente europeo.

Ojo al dato

¿Quien se ha llevado a *Jack*? ¿Y por qué se lleva a los perros con la cara blanca y negra?

Para descubrirlo, ayuda a La Banda de Zoé en su investigación.

El diario de Liseta

En mi maleta llevo:

- Un modelo para ir de **FIESTA**.
- Otro para ir a un concierto de **ROCK**.
- Otro para ir al mercadillo de **PORTOBELLO**.
- Otro para ir a Escocia, claro, con un **KILT**.*

¡Atención, *fashionistas*!

Un ***kilt** es una falda escocesa, plisada y confeccionada con tela de cuadros.

A esta tela se le llama **tartan** y los cuadros son diferentes según el clan familiar al que se pertenezca.

La sospechosa número uno

Matilde llegó rápidamente a casa de tía Angelina. Decidió que había que poner a Scotland Yard tras la pista de *Jack*.

—¿Tú crees, querida? —preguntó tía Angelina—. Por lo que he leído en los periódicos, andan bastante despistados en este caso. —Tía Angelina nos enseñó un periódico—. Por cierto, mirad qué noticia tan rara aparece hoy... qué curioso, ¡si estuve allí la semana pasada!

THE DAILY E-mail

DESAPARECE HUESO DE IGUANODON

Un hueso de iguanodonte ha desaparecido de la Galería OI NK en Londres.

La directora de la Sala de Exposiciones, Mrs. Oink, no recuerda nada de lo que ocurrió ese día.

Scotland Yard no tiene más pistas acerca de este misterioso caso.

CONSIGA
SU RÉPIC
DEL HUES
GRATIS
¡LLAME Y
¡¡PERO Y
al
88-959-

—¿Ves? —exclamó tía Angelina—. Aquí la policía tampoco tiene ni idea.

—Muchas veces, la policía no cuenta todo lo que sabe... los ladrones también leen los periódicos, ¿sabéis? —respondió Matilde—. Además, que la policía se ocupe del hueso de iguanodonte, que nosotros haremos todo lo posible por encontrar a *Jack* —dijo guiñándome un ojo.

¡Claro! Matilde me ayudaría a reunir a La Banda. Pero iba a ser muy difícil: hacía falta encontrar una excusa, convencer a padres, ¡reservar aviones! Sólo ella podía conseguir algo así... Ella con la ayuda de papá, por supuesto.

Y hablando de papá; no habían pasado ni dos minutos cuando:

—Seiji no quelel intelumpil pelo quelida Zoé tenel visita.

¿Quién podría ser?

Oímos una voz vagamente familiar en el hall de entrada.

—No se moleste en anunciarme... Soy la señora Sigaret. ¡SI-GA-RET, no Sigalet! Pufff...

¡¡¡¡Era AMANDA!!!!

Entró echando pestes contra Seiji y apestando a perfume—. ¡NO soporto a la gente que no pronuncia correctamente los apellidos ajenos! BRRRRRRR...

Matilde se levantó a saludarla y tía Angelina se fijó en que Amanda traía un bolso con un animal peludo en su interior.

—¿Qué lleva ahí dentro, un perrito? —preguntó tía Angelina.

—No, tía —respondí—; es *Nails*.

Había visto las orejas del gato de Amanda asomar por entre las asas.

—¿Un gato? —preguntó tía Angelina—. ¿De angora? ¿Sabe francés?

Amanda hizo como que no oía la pregunta de mi tía.

—¿Y cómo están mis queridísimas Zoé y Matilde? —preguntó con voz muy falsa—. ¿Y vuestro queridísimo papá? No estará por aquí, ¿verdad?

—Creí que habías vuelto a casarte —le soltó Matilde.

—Sí, ¡con mi quinto marido! Pero nos hemos divorciado, así que soy libre para casarme otra vez...

Tía Angelina me miró sin comprender.

—¿Cómo puede esta señora del gato tener cinco maridos y todavía querer uno más? —preguntó extrañada.

—¿Y eso me lo dice usted, que tiene cinco perros? —respondió Amanda.

—De hecho, tengo SEIS —respondió mi tía, orgullosa—. ¡*Mika*, *Blackie*, *Pink*, *Royal*, *Velvet*! ¡Aquí ! —llamó—. Falta *Jack* —terminó con tristeza.

Los perros, con *Kira* a la cabeza, llegaron ladrando y saltando alrededor de Amanda y de *Nails*.

—¡¡¡¡MIAAUUUUU!!!!

—¡Vaya recibimiento! —exclamó Amanda—. ¡Primero me recibe un mayordomo que no sabe hablar y ahora me sueltan a una jauría de chuchos! ¡Me largo!

—Me parece muy bien, señora Sípaquet —respondió tía Angelina.

—¡¡¡SI-GA-RET!!! —gritó Amanda—. ¡Y yo que venía a preveniros! La policía está buscando a una chiflada con muchos perros... ¡Es la sospechosa número uno del robo del hueso de iguanodonte!

—Pues se ha equivocado de casa. Una chiflada con muchos perros, ¡si yo sólo tengo seis y estoy muy pero que muy cuerda! —respondió tía Angelina.

Matilde y yo escuchamos perplejas a tía Angelina mientras Amanda salía de la habitación con Nails maullando con los pelos erizados.

HERPES
PARIS

—Me largo. ¡Tengo una agenda muuuuy apretada! ¡Mamarracha!

Pero tía Angelina no había terminado.

—¡Yo no me llevé nada de ese sitio cuando estuvimos de visita! —informó a Amanda—. Y yo también tengo una agenda muy repleta...¡Hala, perritos; clase de francés! —Los perros salieron detrás de tía Angelina mientras ella les repetía—: *Bonjour, je suis un chien très sage.**

¡GLUPSSS! En ese momento tenía que reconocer que la descripción de la sospechosa coincidía cien por cien con la de tía Angelina.

Matilde y yo estuvimos de acuerdo: necesitábamos reunir a La Banda URGENTEMENTE. Así que marqué el número de Marc. No estaba.

Llamé a Liseta. Tampoco.

Seguro que encontraría a Álex con alguno de sus inventos. Pues NO.

¿Qué íbamos a hacer?

—En estos casos, lo mejor es irse a la cama —me aconsejó Matilde—. Mañana será otro día, ¡confía en mí!

Así que le hice caso y *Kira* y yo nos fuimos a dormir.

Ojo al dato

Tía Angelina estuvo en la galería el día que desapareció el hueso de iguanodonte.

Pero **¿por qué Mrs. Oink no recuerda NADA?**

La libreta de Zoé

***Bonjour, Je suis un chien très sage.**

Hola, soy un perro muy bueno.

Llega la banda

Al día siguiente me desperté en plena forma. Noté cómo *Kira* tiraba de la sábana, oí sus ladridos y... unas voces conocidas me sacaron BRUSCAMENTE de mis sueños.

—Álex, ¡presente!

—Liseta, ¡presente!

—Marc, ¡presente!

¿Estaba soñando, o mis amigos habían recorrido kilómetros y kilómetros y estaban de verdad en mi habitación?

Otra voz menos conocida terminó de devolverme a la realidad.

—Quelida Zoé, no quelel asustal pelo... tenel a sus amigos aquí. —Eran Seiji... y su kimono de dragones.

Y luego, abrí bien los ojos y sí, ¡allí, alrededor de la cama, estaban Álex, Liseta y Marc, pero... ¿él no estaba en China aprendiendo mandarín?

—Sí, pero Matilde ya lo había organizado todo para darte una sorpresa —me explicó él—, quería que llegáramos a tiempo para su concierto.

—¡Genial! —exclamé, levantándome a toda prisa—, porque además, ahora sí que tenemos mucho que hacer... Os tengo que contar muuuuchas cosas —precisé, pensando en la desaparición de *Jack* y en aquella extraña historia del robo del hueso del dinosaurio... ¿Tendrían algo que ver?

—Quelida Zoé, no quelel intelumpil pelo... —repitió Seiji.

—¡Guauu! —exclamó Álex—. Tu tía tiene mayordomo, ¡cómo mola!

—Yo también tendré uno cuando sea mayor —precisó Liseta. Entonces se volvió hacia Seiji y le habló muy despacio—: Yo sel muy impoltante cuando sel mayol y tenel muchos vestidos —le explicó mientras Seiji la miraba sin pestañear.

—¿Pol qué amiga Zoé hablal tan lalo? —me preguntó Seiji sorprendido—. Seiji no quelel asustal, quelida Zoé, pelo tía Angelina tenel un ataque de nelvios y quelel salil buscal lobapelos y *Jack*.

—¡Oh, no! ¡Tenemos que detenerla —exclamé— antes de que mi tía se meta en otro lío!

—Me recuerda a alguien —dijo Marc mirándome—. ¿A quién será?

—Bueno, Zoé, espabila —Álex se había sentado en mi cama y sacado una grabadora—; haznos un resumen del caso para que podamos empezar a trabajar.

¡Sí, señor!
¡A la orden, señor!

FICHA DEL CASO 1

Nombre: el misterio de los perros arlequín.

Sujeto desaparecido: *Jack*, cachorro de seis meses.

Características físicas sujeto: cara bicolor en blanco y negro.

Afectada principal: tía Angelina.

Datos importantes: desapariciones de perros de similares características.

Lugar: Londres.

Pistas: pendientes de interrogatorio a tía Angelina.

—Todavía falta algo —dijo Marc.

—¿A qué te refieres? —pregunté.

—A que no sólo tenemos un misterio, sino DOS. Tu tía también es sospechosa del robo del hueso de iguanodonte, ¿no?

—Sí —respondí—, aunque ella no lo quiere reconocer...

—Bien, pues, OTRA ficha —pidió Marc.

FICHA DEL CASO 2

Nombre: el misterio del robo del hueso de iguanodonte.

Objeto desaparecido: hueso de dinosaurio.

Características físicas objeto: diente de tamaño EXTRA.

Datos importantes: ocurrió justo antes de la desaparición del primer perro.

Lugar: Londres. Galería del Paleontólogo.

Testigos: Mrs. Oink (No recuerda nada).

Pistas: una señora algo chiflada con muchos perros, ejem, encaja con descripción tía de Zoé.

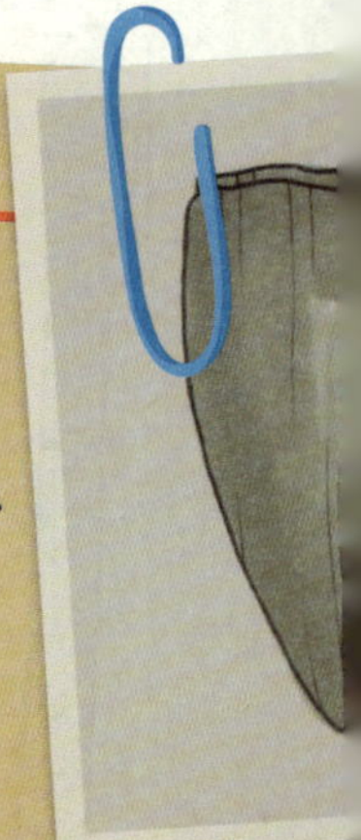

Entonces fue cuando Marc sacó el *Manual del Agente Secreto para Principiantes (Nivel 2)*.

—Bien, ¿cuál sería el siguiente paso?

—Interrogar a los testigos —respondimos Álex, Liseta y yo a la vez.

—Desaparecido *Jack*, nos queda... tía Angelina —señaló Marc.

GLUPSSS. Les había hablado de mi tía, pero aquél iba a ser su primer encuentro con ella.

—Tengo que advertiros de algo —les dije—: mi tía es un poco **ESPECIAL**.

Las notas de Marc

DICCIONARIO SEIJI – ESPAÑOL

Lobapelos .... robaperros

Quelida .... querida

Quelel .... querer

Molestal .... molestar

Intelumpil .... interrumpir

¡Aiii-Kaaaa-Tooo! .... haga el favor de apartarse de mi camino porque me está usted molestando, gracias.

El diario de Liseta

Cuando sea mayor...

Tendré un conjunto para los días de lluvia.

Otro para esquiar.

Otro para montar a caballo.

Otro para las fiestas más exclusivas.

La historia de tía Angelina

Matilde se unió a nosotros en la búsqueda de tía Angelina. Afortunadamente, llegamos a tiempo; estaba en su despacho hablando por teléfono con los agentes de Scotland Yard.

—¡Cuantas preguntas! —se quejó—. Les he contado que a *Mika* no le gustan nada los suelos de moqueta, que *Velvet* es muy quisquillosa con la pronunciación del francés... ¡ja, ja, ja, ja! Me recuerda a esa amiga vuestra... ¿cómo se llama? ¿FIGARET?... Bueno, ya no sé qué más contar.

Tía Angelina dio la bienvenida a mis amigos y nos propuso que pasáramos al salón. Matilde pidió tila para tranquilizar a mi tía. Y tía Angelina pidió tila para los perros.

—Pobrecillos... —dijo tía Angelina, acariciándolos—, se han puesto tan nerviosos... Les da miedo acabar en la cárcel —confesó.

Así que Seiji volvió cargado de teteras de tila y tazas de porcelana y aquello se transformó en un salón de té.

Álex, Marc y Liseta me miraron interrogantes; ¿conseguiríamos sacar algo de tía Angelina?

—Angelina, tranquilízate —empezó Matilde—. Cuéntanos qué ha pasado.

Tía Angelina había salido, como siempre, a dar su paseo con los perros. Sí, no era fácil llevar tres correas en una mano y cuatro en la otra, pero ella había conseguido pasear hasta a doce perros a la vez. Y, como cada mañana, fueron al parque.

—El parque... donde a *Jack* le gustaba ladrar a las señoras que salen de la peluquería... je, je —puntualizó mi tía—. ¿Os he contado que tengo varios amigos paseadores de perros?

Matilde miró fijamente a tía Angelina para obligarla a concentrarse.

—Bueno, ya os contaré lo de Teo, el paseador que es capaz de llevar en su bicicleta a dos mastines, un dálmata, dos pequineses y tres chihuahuas más en la cesta de delante... otro día.

Una vez en el parque, se le había acercado un hombre que se puso a charlar amigablemente con ella.

—¡Un hombre de lo más normal! —especificó mi tía—. Pero cometí un grave error.

Aquel hombre le había pedido a tía Angelina que le hiciera una foto con... *Jack*.

¡Era un perro tan bonito! Él mismo le había dado su cámara de fotos para que lo retratara con ella. Pero además, pidió a tía Angelina que le hiciera la foto desde una columna muy alta para que la foto saliera mejor. Él mismo la había ayudado a subir.

—Y me dijo que no me preocupara, que él mismo me ayudaría a bajar —se lamentó tía Angelina—. ¡Robaperros!

Seiji estaba de acuerdo.

—¡Lobapelos! —repitió.

La pobre tía Angelina comenzó el reportaje fotográfico ¡haciendo equilibrios sobre una columna! Y entonces...

—El ladrón tomó a *Jack* en sus brazos, se echó hacia atrás para ponerse al lado de la puerta y... —Y ahí fue cuando tía Angelina rompió a llorar.

Aquel desalmado había entrado en un coche que lo esperaba aparcado. Se habían dado a la fuga a toda velocidad. Con *Jack*.

Matilde, Álex, Liseta, Marc, *Kira* y yo escuchamos la historia de tía Angelina con mucha atención.

Y entonces se me ocurrió.

—¿Todavía tienes la cámara?

—No sé... Ha sido un lío horrible... No me acuerdo de nada... Creo que la dejé junto a la columna, déjame ver... —Tía Angelina comenzó a palparse los bolsillos, nerviosa, mientras *Kira* se acercaba hasta mí.

—¡¡GUAU, GUAUU!!

¡Llevaba algo en la boca! ¿Qué era? ¡Una máquina de fotos! ¡Teníamos la cámara! ¡Tendríamos el **ROSTRO** de aquel ladrón de perros mentiroso y embaucador* de tías!

¡Ésa era mi perrita!
No en vano era miembro honorario de La Banda de Zoé.

Ojo al dato

La cámara contiene una **PISTA** fundamental: el retrato del hombre que se ha llevado a *Jack*. Y, con toda probabilidad, alguna clave más...

Las notas de Marc

UNA PROFESIÓN CON MUCHA GARRA

¿Sabías que existen los paseadores de perros profesionales? En los parques de las grandes ciudades como Londres o Nueva York no es raro ver a uno de ellos con varias correas y unos cuantos canes corriendo por delante.

***Embaucador**

persona que engaña a los otros a base de halagos y simpatía.

Una de dinosaurios

¡Teníamos la cámara!

Kira la dejó a mis pies para que la examináramos en busca de alguna prueba. Pero, no sé cómo, Liseta se apropió de la cámara del ladrón ¡y convenció a Seiji de que le hiciera unas fotos con ella!

—¡Así! Liseta... ciela un poco más los labios... sonlíe con los ojos... ¡Guapísima!

Álex no daba crédito.

—Pero ¿qué estás haciendo, Liseta? —interrumpió tapando el objetivo de la cámara—. ¿No te has enterado de que esto es una **PRUEBA**?

—¿Y qué nos impide convertirlo en algo con un poco más de glamour? —argumentó Liseta—. **¡Seiji! ¡Dispara!** Estoy lista para mi *close up*...

—¡Blavo! —gritó Seiji, entusiasmado—. Dame ese pelfil... ¡otla más, pol si acaso!

Álex bufó buscando mi ayuda.

—Liseta y Seiji, nos estamos apartando del objetivo... —señaló Marc— ¡y no hablo del de la cámara! Lo primero es encontrar a *Jack* y al resto de los perros desaparecidos para devolvérselos a sus amos —afirmó—. ¡Basta ya de fotos!

Matilde asintió, y también Álex, *Kira* y yo. Liseta tuvo que aceptar qué era lo primordial.

—¡Venga!, vamos a inspeccionar la única prueba que tenemos —sugerí—. Seiji, la cámara, por favor.

Matilde encendió la cámara y comenzó a buscar las fotos que tenía en su memoria. ¡Allí estaban! Las primeras mostraban a un tipo normal aunque me pareció vagamente familiar. Efectivamente, llevaba a *Jack* en brazos y posaba, tal y como tía Angelina nos había contado, cerca de la puerta. Había otras dos fotos con *Jack* y, ¡oh!, allí estaba la pobre tía Angelina subida a una columna, con las correas de los perros sujetas a los tobillos.

Apretamos el botón para ver si había algo más que pudiera darnos una pista.

—¡Matilde! ¿Ésta no eres tú? —exclamé al ver una foto de mi hermana andando por la calle.

¿Sería un paparazzi?

—¡Sí! —confirmó ella, y luego me mostró la foto siguiente—. ¡Y ésta eres TÚ, Zoé!

Era una foto del día que llegué a casa de tía Angelina. ¡Claro! Nos había estado vigilando... Las había tomado el hombre-que-leía-el periódico-del-revés.

—¡Uy! ¿Y esa foto, de cuál de las dos es? —señaló Liseta riéndose. Liseta señalaba la foto del esqueleto de un animal con una larga cola...

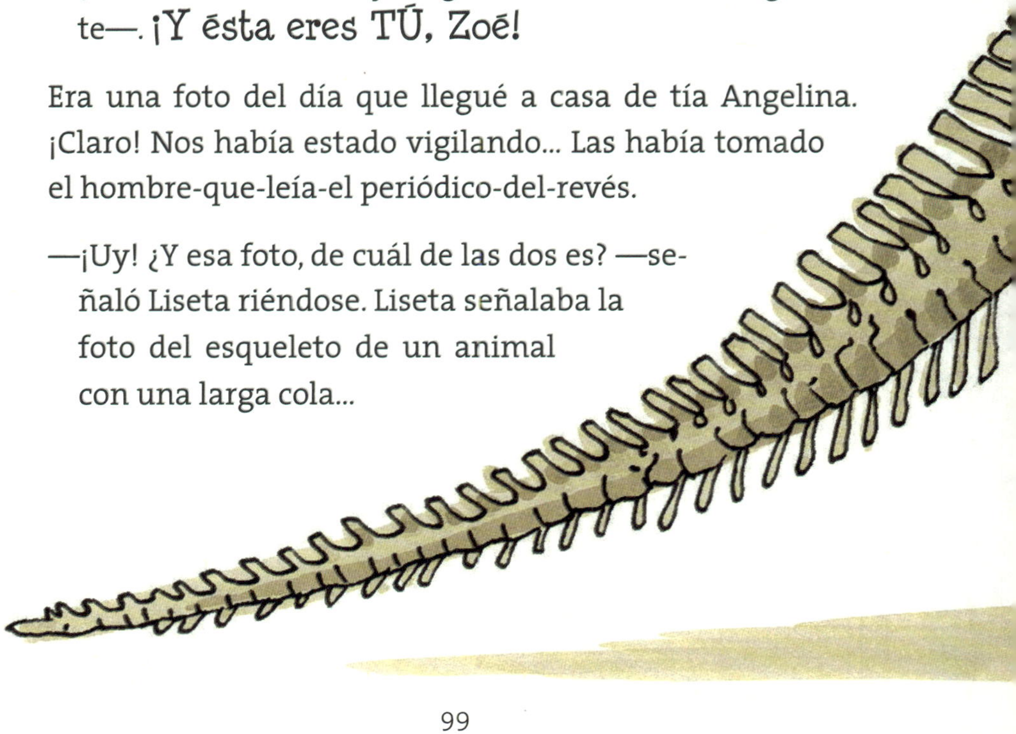

—Te has equivocado por varios **MILLONES** de años, Liseta —dijo Marc, mirando bien la foto—, eso es el esqueleto de un iguanodonte.

¡Un i-gua-no-don-te! ¿Como el hueso tan valioso que había sido robado de la Galería? **¡GLUPS!**

—Sí —nos confirmó Marc—, y la principal sospechosa es tu tía...

—¿Quedan más fotos? —preguntó Matilde.

—Dejadme ver a mí —dijo Álex inspeccionando el aparato—, voy a tratar de recuperar las que han sido borradas.

Conectó un cable a un aparato que sacó de su bolsa y ¡bingo!

—¡No puede ser! —exclamó.

—¿Otro iguanodonte? —preguntó Marc.

—Bueno... podría decirse que es una especie tan peligrosa como un dinosaurio y que tiene varios millones de años...

¡Uf! Se notaba que a Álex no le gustaba mucho lo que veía.

¡¡¡AMANDA!!!

Pero ¿qué hacía una foto de Amanda ahí?

Oh, Cuore mío!

LOVE INSIDE

ecién divorciada de su marido úmero cinco, es de nuevo una nujer soltera en busca de... **amor?**

AMANDA SIGARET VUELVE A ESCENA.

Últimamente se la ha visto por Londres con un amigo muy especial que prefiere mantenerse en el anonimato.

¡Uy, uy! ¿Quién será?

La libreta de Zoé

¡Atención, *fashionistas*!

Zoé Test

(Con la colaboración de Liseta)

1. ¿Qué significa la palabra glamour?

a. Una mágica combinación de elegancia y belleza

b. Una estrambótica combinación de elegancia y pereza

c. Una lamentable combinación de vagancia y pereza

2. ¿Qué es un *close up*?

a. Una marca de pasta de dientes

b. Una marca de pasta (macarrones buenísimos)

c. Un retrato o una toma de cine muy próximo al rostro del protagonista

3. ¿Qué es un *shooting*?

a. Disparos en una película de acción

b. Un deporte como el jogging o el skating

c. Un reportaje fotográfico con una modelo... ¡Guau!

RESPUESTAS

1.a. Sí, aunque el glamour es indefinible

2.c. Un primer plano

3.c. El fotógrafo dispara... su cámara

Elemental, querida Liseta

Con la aparición de Amanda, aunque fuera en foto, el misterio se complicaba cada vez más.

—Recapitulemos —dijo Marc—: vamos a revisar las fichas de nuevo.

FICHA DEL CASO 1

Nombre: el misterio de los perros arlequín.

Sujeto desaparecido: *Jack*, cachorro de seis meses.

Características físicas sujeto: cara bicolor en blanco y negro.

Afectada principal: tía Angelina.

Datos importantes: desapariciones de perros de similares características.

Lugar: Londres.

Pistas: pendientes de interrogatorio a tía Angelina.

FICHA DEL CASO 2

Nombre: el misterio del robo del hueso de iguanodonte.

Objeto desaparecido: hueso de dinosaurio.

Características físicas objeto: diente de tamaño EXTRA.

Datos importantes: ocurrió justo antes de la desaparición del primer perro.

Lugar: Londres. Galería del Paleontólogo.

Testigos: Mrs. Oink (No recuerda nada).

Pistas: una señora algo chiflada con muchos perros, ejem, encaja con descripción tía de Zoé.

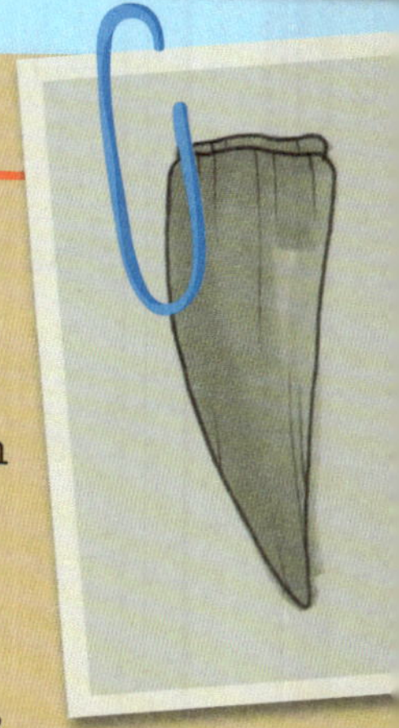

Marc las leía en voz alta una y otra vez para tratar de entender.

En ese momento, *Kira* entró corriendo, traía algo en la boca.

—¡Pelo malo! —gritaba Seiji persiguiéndola—. ¡*Kila* lobal de la cocina hueso pala estofado!

—¡Tenemos que atraparla o lo enterrará en algún lugar hasta que le entre hambre! —grité.

Y de repente, lo vi muy claro.

—Perro-hueso —dije en voz alta—. ¡Perro-hueso-esconder! —repetí.

—¡PERRO-HUESO-ESCONDER! —exclamó Marc—. ¡Claro!

Marc y yo nos miramos. Lo habíamos entendido. ¡Y gracias a *Kira*!

—Un perro robó el hueso de la Galería —expliqué a los demás.

—Y lo siento, Zoé, pero tiene toda la pinta de que fue uno de los perros de tu tía Angelina —añadió Marc—. Es más, apostaría mi colección completa de libros de misterio a que fue ***JACK***.

—Y esto —preguntó Liseta—, ¿qué tiene que ver con que un hombre robe perros?

—Eso —dijo Álex—, ¿y por qué sólo roba perros de cara blanca y negra?

Ahí estaba la CLAVE de ambos misterios.

—Porque ese hombre —dijo Marc— vio salir de la Galería a un perro de ese tipo ¡con el hueso en la boca! Ese hombre también quiere ese hueso, y no va a parar hasta dar con el perro que lo robó.

—¡Claro! —dijo Álex—. Ya lo entiendo. Perro roba hueso, perro entierra hueso; luego hombre busca perro para que encuentre hueso.

—El hombre no sabe qué perro es —remató Liseta— pero sí sabe que el perro que salió con el hueso en la boca... **TENÍA LA CARA DE DOS COLORES: BLANCO Y NEGRO.**

—Elemental, querida Liseta —dijo Marc sonriendo.

—¿Qué has dicho? —preguntó Liseta extrañada.

—Nada. Es la frase un famoso detective que siempre decía: «Elemental, querido Watson».

—Pero yo no soy Watson.

—Ya lo sé; Watson tenía bigote y tú no... ¿O sí? —se rió Marc.

—¿Bigote yo? —exclamó Liseta—. ¡JAMÁS!

Las notas de Marc

«Elemental, querido Watson»

Sherlock Holmes es uno de los detectives más famosos de la historia de la literatura. Lo creó el escritor sir Arthur Conan Doyle. Holmes vivía en la londinense Baker Street y competía con Scotland Yard para resolver sus famosos casos.

Le acompañaba en sus aventuras el doctor Watson, al que siempre sorprendía con sus dotes para la deducción y el razonamiento lógico.

Lo más curioso es que la célebre frase que todo el mundo le atribuye, «Elemental, querido Watson», no aparece en ninguno de sus libros.

Ojo al dato

Esto es como un problema de matemáticas:

Perro roba hueso + hombre roba perro =
hombre roba perro para que encuentre hueso.

Un paseo catastrófico

¡Teníamos que ponernos en marcha!

Pero ¿hacia dónde?

—Tenemos que ir a donde comenzó TODO —dije—: donde robaron el hueso del iguanodonte.

La Galería **OI NK**.

Era posible que *Jack* hubiera enterrado el hueso nada más salir de la exposición.

Kira levantó las orejas cuando oyó la palabra «hueso». ¡Estaba de acuerdo con el plan!

—¡GUAU!

Marc sacó uno de sus libros de la mochila. Una guía.

—¡Aquí! Está cerca del Palacio de Cristal —precisó, señalando un mapa en la guía.

Matilde se levantó.

—¡Nos vamos! Supongo que los paparazzi no se imaginarán a una estrella de visita cultural, **¿no?**

Marc sacó otra de sus guías.

—Bueno, excepto si es en el de Madame Tussaud. Es el Museo de Cera ¡y está lleno de estrellas!... pero de cera.

La Banda estaba preparada para entrar en acción.

—¿Todos preparados? —pregunté.

—¡Libros en la mochila! —exclamó Marc.

—Tecnología a punto —señaló Álex palpándose los bolsillos.

—Bolso, en su sitio —anunció Liseta.

El bolso de Liseta llevaba **TODO** lo necesario para resolver cualquier situación.

—Y gafas de sol anti paparazzi —terminó Matilde, poniéndose las gafas de sol.

Kira nos llevó en un periquete desde la casa de tía Angelina a la Galería en el que se exponían los tesoros de los dinosaurios. Como había dicho Marc, se encontraba muy cerca del antiguo Palacio de Cristal.

—El palacio se quemó en 1936, lamentablemente —nos informó Marc—, y ahora, en su antigua ubicación, sólo quedan los restos de varios dinosaurios.

Pero la Galería seguía en pie y abierta, a pesar del robo.

Nos recibió su directora, Mrs. Oink. Lo primero que nos dijo era que no se acordaba de nada. ¡Vaya!

—Lo siento, pero ya no admitimos a nuestros queridos amigos de cuatro patas en nuestras instalaciones —dijo señalando a *Kira*—. Tanto hueso, aunque tenga millones de años, supone una gran tentación.

Así que *Kira* se quedó, de muy malas pulgas, esperándonos en la puerta.

La Galería era un lugar impresionante.

—¡GUAU! —Y esto no salió del morro de *Kira*, sino de labios de ¡Liseta! —. ¡Mirad ese enorme esqueleto! —señaló.

En el centro había un dinosaurio de, al menos, trece metros.

DI NK
LONDON

—¡Es enooorme! ¡GUUAAAUUUU! —exclamó Álex sacando uno de sus aparatos para determinar la antigüedad del animal.

—¡NO! ¡NO LO TOQUE! —gritó Mrs. Oink—. Es un iguanodontus cuchufletus comehierbus —señaló con orgullo—. El señor Pyg, el inimitable y muy seductor paleontólogo, tiene uno casi idéntico en su mansión de Filadelfia. Pero a él lo ÚNICO que le falta en su colección es un hueso como el que ha desaparecido.

—¡Vaya! —exclamó Marc—. El señor Pyg... ¿viene mucho por aquí?

—La verdad es que no recuerdo nada... Pero suele venir casi todos los días, es un hombre tan notable. De hecho, hoy... ¡NO! ¡NO LO TOQUE! —gritó de nuevo Mrs. Oink.

Ahora había sido Liseta. Había sacado de su bolso un frasco de esmalte de uñas y se disponía a pintárselas apoyada en la cola del esqueleto. ¡Uf!

Entonces, Matilde habló, bajándose un poco las gafas de sol.

—¿Recuerda a quienes estuvieron aquí el día que despareció el hueso?

—Ya les he dicho que NO recuerdo nada. Creo que... un grupo de niños y, por supuesto, cómo voy a olvidarme del señor Pyg —señaló Mrs. Oink—. Pero él llegó justo cuando salía esa señora un poco majareta y su caterva de... ejem... canes. ¡Se empeñó en entrar con sus SEIS perros! Intentamos explicarle que seis eran demasiados; al final se puso tan y tan pesada que accedimos a que entrara con uno.

—¡Eh!, que es la tía de... —empezó a decir Álex. Afortunadamente, Marc estaba cerca para pellizcarla—... alguien, claro. Esas señoras un poco locatis siempre son la tía de alguien, ¿verdad?

Mrs. Oink miró fijamente a Matilde, que seguía escondida tras sus gafas de sol.

—¡Oh! ¡Ah! ¡Uhhhh! —exclamó de repente—. ¿Es **DE VERDAD** quien estoy pensando?

—Sí, soy yo —dijo Matilde sonriendo—, pero hoy vengo de incógnito —señaló bajando la voz.

—Déjeme expresarle mi más devota admiración...; que me vea aquí entre huesos polvorientos no quiere decir nada...¡Si yo soy *Súper Moderna*! ¡Viva el amor! —Y de repente, Mrs. Oink se quitó las gafas y comenzó a cantar Babydoll,

el último éxito de FRENCH CONNECTION, ¡y se puso a bailar! ¡¡¡¡GLUPS!!!! Fue de lo más embarazoso... hasta *Kira* entró a ver quién destrozaba la canción de Matilde. Mrs. Oink ¡cantaba fatal!

—Es curioso... —dijo Álex de repente, en voz alta. Miraba fijamente el esqueleto de iguanodonte expuesto en la sala.

—¿El qué? —preguntó Mrs. Oink, recuperándose.

—Estaba pensando que es curioso que se tenga en pie el esqueleto después de haberle quitado una pieza. —Se refería al hueso robado, claro está.

—No, qué va —respondió Mrs. Oink—, es porque el hueso que falta es un hueso especial..., una rareza que se exponía aparte. Otra cosa hubiera sido que faltara ese de ahí —dijo señalando en la articulación.

—¿Éste? —contestó Álex separando el hueso y enseñándonoslo a todos.

—¡¡¡NOOOOOO!!! ¡¡¡NO LO TOQUEEEEE!!! —Los gritos de pánico de Mrs. Oink no sirvieron de nada. El enorme esqueleto empezó a bambolearse lentamente y, como si estuviera hecho de arena, se desplomó.

¡¡¡ARGHHHHHH!!!

—Lo siento —se disculpó Álex , contemplando el montón de huesos sobre el suelo—, no pensaba que...

Y entonces *Kira* no pudo contenerse más; le arrancó a Álex el hueso de las manos y salió corriendo como una flecha hacia la salida.

—¡OTRA VEZ! ¡Detengan a ese chucho! —gritó Mrs. Oink—. ¡Va hacia el patio de atrás!

Efectivamente, *Kira* estaba encima de un parterre, escarbando con las patas, tratando de enterrar el cuerpo del delito.

Marc se lanzó sobre el hueso y consiguió quitárselo justo a tiempo.

—¡Devuélvanme mi hueso! —gritó Mrs. Oink—. ¡Y largo de aquí!

Afortunadamente, pudimos marcharnos sin más que una buena bronca. Que estuviera Matilde tuvo mucho que ver...

—¡Y porque soy fan de French Connection, que si no...! —nos gritó Mrs.Oink al salir..

Todos estaban muy enfadados con *Kira*. Todos menos yo, porque *Kira* nos había confirmado nuestra teoría.

—Está claro —afirmé—: *Jack* robó el hueso y después lo escondió. La pregunta es: **¿DÓNDE?**

Mrs. Oink

Edad
menos que sus dinosaurios.

Señas de identidad
romántica incurable.

Manías
limpiar el polvo de los huesos...
de dinosaurio.

Principal defecto
humor cambiante.

Aficiones
¡la música de FRENCH CONNECTION!

Ojo al dato

Además de tía Angelina, el famoso coleccionista George Pyg también estuvo en la Galería el día del robo. ¡Y se encontró con los perros cuando llegó!

¿Llevaría *Jack* el hueso en la boca?

Los trucos de Álex

Cómo reconstruir un esqueleto de dinosaurio después de haberlo hecho pedazos

* Separa TODOS los huesos (costillas con costillas, tibias con tibias, etc.)
* Clasifícalos y numera cada montón de huesecillos.
* Coge un dado y lánzalo.
* Si sale un uno, tomas un hueso del uno. Empieza por ahí.
* Sigue lanzando el dado y reconstrúyelo guiándote por el dado.
* Cuando no te queden huesos en los montones, ¡Ya está!
* Tendrás algo (probablemente diferente al anterior; una NUEVA especie de dinosaurio).

El tesoro en la maceta

Al día siguiente, Seiji nos preparó un delicioso desayuno. Matilde bajó algo contrariada para compartirlo con nosotros.

—¡Mirad! —dijo, enseñándonos otra revista.

Oh, Cuore mío!

LOVE INSIDE

¡MATILDE SORPRENDE OTRA VEZ!

¡Bueno, bueno, bueno! Esta vez nuestra cantante favorita se HA superado. De visita cultural en Londres, su acompañante es... algo más joven que ella.

¿Quién será este nuevo amigo de la cantante de **FC**? ¿Y qué pensará **Paul** de que **Matilde** tenga tantos amigos?

—Pero ¡si eres **TÚ**, Marc! —exclamó Liseta.

—Tranquila, Matilde, no tienes que preocuparte, Paul conoce a Marc y sabe que es INOFENSIVO —le dije a mi hermana. Marc me tiró un trozo de manzana desde el otro lado de la mesa—. Llámalo.

—Ya lo haré luego —respondió Matilde, pasando a otra cosa—; primero tenemos que avanzar con el misterio del hueso y los perros desaparecidos —dijo, sentándose a mi lado.

La verdad es que resultaba difícil concentrarse en algo que no fueran las montañas de bollos con pepitas de chocolate, tortitas humeantes y bañadas en caramelo y salchichas tostaditas por los bordes que había preparado Seiji. Mmmmm... **¡Pero teníamos que intentarlo!**

—¡Seguro que estamos más cerca de resolver el misterio del hueso de lo que pensamos! —dijo Álex, sirviéndose ocho tortitas.

—¡Álex! —la recriminó Liseta—. Que sepas que cuando uno se sirve tiene que dejar ALGO para los demás.

—Ffvalegrrr —gruñó Álex tragando la primera y devolviendo al plato las otras siete—. Creí que no os apetecían...

Matilde se rió y se sirvió una después de ofrecernos a todos. *Kira* esperaba su turno.

—Y cuando hayamos resuelto todos los misterios y todo el mundo esté feliz y contento, ¿podremos visitar las principales atracciones de Londres? —suplicó Liseta—. ¡Por favor, por favor, por favor!

—¡Por supuesto! —concedió Marc—. Tenemos que ir... ¡déjame ver! Al museo Británico, el Big Ben, la catedral de Westminster...

—Yo me refería a las carreras de Ascot —apuntó Liseta con voz muy suave—. ¡Me he traído TODOS mis sombreros!

—¡Pfffff! —bufó Álex—. ¿Por eso me has invadido con decenas de cajas?

Liseta había acaparado con sus maletas y vestidos el armario de la habitación que compartía con Álex...y Álex no lo llevaba muy bien.

Una ráfaga de aire recorrió la cocina y... Seiji se materializó ante nosotros.

—Seiji no quelel molestal, quelida Zoé, pelo *Kila* estal en patio sacando toda la tiela de las macetas...

Salimos corriendo, y allí estaba *Kira* cubierta de tierra... ¡y con un HUESO en la boca!

—¿El hueso del estofado? —preguntó Liseta.

—¡*Uf!* Parece algo más antiguo... ¡y menos sabroso! —exclamó Álex.

—¡Zoé —dijo Marc—, creo que *Kira* ha encontrado lo que buscábamos!

Álex cambió una magdalena por su súper equipo de carbono catorce y comenzó a examinarlo.

—Efectivamente; tiene más de cien millones de años.

—¿Y cómo lo sabes? —preguntó Liseta.

—Por la fecha de caducidad, ¿lo ves? —le respondió tomándole el pelo—. Je, je.

Entonces... ¡el ladrón todavía no había encontrado lo que buscaba!

—¡Ya lo tengo! —exclamé. Todos me miraron extrañados—. Tenemos que darnos prisa, pero ya sé cómo encontrar al ladrón de *Jack*; mejor dicho, cómo hacer que nos encuentre ÉL.

E DAILY
E-mail

OTRO PERRO MÁS HA SIDO SUSTRAÍDO POR UN HOMBRE QUE SE DIO A LA FUGA EN UN AUTOMÓVIL POR LAS CALLES DE LONDRES.

El animal desaparecido tiene las mismas características que los robados con anterioridad: la mitad de la cara de color blanco y la otra mitad, de color negro.

¿Qué buscará el ladrón con estos robos?

L LADRÓN DE PERROS SIGUE AL ACECHO

Una idea genial

¡Teníamos el hueso! Pero todavía no había llegado el momento de devolverlo...

Rápidamente conté a La Banda lo que se me había ocurrido: sería el ladrón quien vendría a buscarnos.

—¡Ya sé cuál es la manera de encontrar al hombre-que-lee-el-periódico-del-revés! —exclamé.

Todos se volvieron, curiosos, hacia mí.

—¿Enseñarle que tenemos el hueso? —preguntó Álex.

—No —respondí—, porque entonces querría robárnoslo, pero se desharía de los perros...

—¿Entonces? —preguntó Liseta.

—Él necesita encontrar el hueso, y para ello, encontrar al perro que robó el hueso. Sigue robando perros, ¿ verdad? Busca al que pueda encontrar el hueso robado, sin saber que es *Jack* —les expliqué—. Bien, ¿qué pasaría si nos paseáramos por Londres, llamando mucho la atención, con un perro bicolor?

—¡Claro, Zoé! —exclamó Marc—. Es una idea brillante, ¡hay que ponerle una trampa! Un **CEBO**.

—Genial —dijo Álex—, así se acercaría a nosotros para robarnos el perro; pero nos falta un pequeño detalle: ¿de dónde sacamos el perro?

Los cinco perros de tía Angelina levantaron las orejas al ver que nos referíamos a los «perros» y corrieron a esconderse debajo de los muebles, pero *Kira* se acercó. Ella lo había comprendido. Además era un Perro Agente Secreto, aunque, de vez en cuando, todavía se dejara llevar por su naturaleza.

—¡Aquí lo tenéis! —dije señalando a *Kira*.

—¿*KIRA*? —dijo Álex—. Pero si es toda del mismo color.

—¡SÍ! —exclamó Liseta—. Es del mismo color... antes de una pequeña sesión de ¡MAQUILLAJE! ¡Dejádmela a mí!

Un poco de sombra por aquí, otro poco de pintura por allá... y ¡*Kira* se había transformado en un bonito perro bicolor! Ya teníamos nuestro cebo... Ahora sólo faltaba hacerle picar.

—Bueno, esto es sólo un ensayo de *Kira* a dos colores —apuntó Liseta—. Todavía falta algo más: tenemos que llamar **MUCHO** la atención.

—¡Eso está hecho! —exclamó Matilde—. Dejadme que os haga unas pequeñas sugerencias...

—¡Sí! —respondió Liseta entusiasmada.

—¿Qué os parece si cada uno se pide un estilo? —propuso mi hermana—. Yo me quedo con el Londres de los años sesenta.

—¡Vale! —dijo Liseta—. Pues yo con el de los setenta y el rock and roll.

Yo elegí el estilo de los ochenta: el punk, ¡qué divertido! Y Marc, el de los noventa.

—¿Y qué queda para mí? —preguntó Álex.

—¿Qué te parecería un uniforme de colegio? —sugirió Liseta—. Es muy británico.

—¡Uf! Acepto disfrazarme pero, Liseta, ¡de uniforme no! —se lamentó Álex. Pidió a Matilde—: Mejor, sorpréndeme.

Matilde rebuscó entre sus cosas... Álex cerró los ojos y... ¡genial! Desde luego, no íbamos a pasar inadvertidos.

Y de esa guisa, salimos con *Kira* a pasear. Iniciamos nuestro paseo en la abadía de Westminter... luego nos enseñamos delante del Big Ben, nos dimos una vuelta por Portobello... y terminamos en el museo Británico.

¡Y NADA! ¡Qué decepción!

70's
BUS
LANE

TA

Las notas de Marc

UN PASEO POR LONDRES

La abadía de Westminster

Mezcla de iglesia y museo, tumba de reyes, literatos y científicos, es un ejemplo notable de la arquitectura medieval inglesa.

El Big Ben

El símbolo de Londres. La torre del reloj más grande de Gran Bretaña. Big Ben es el nombre de la campana que hay en su interior y que pesa 14 toneladas.

El museo Británico

Fundado en 1753 por el Parlamento Británico, posee una de las colecciones de arte más importantes del mundo. Entre las obras que exhibe están las esculturas del Partenón griego y la piedra de Rosetta.

Los años 6

Llega la minifalda de mano de **Mary Quan** Son los años del **Swinging London**.

LONDRES Y LAS MODAS

El diario de Liseta

Allí han nacido los principales movimientos juveniles desde los años sesenta.

LOS AÑOS 70

Años en los que conviven los hippies con el **Glam Rock**.

Los años 80

Las **tribus urbanas** invaden las calles: punks, nuevos románticos, rockers y mods.

los años 90

El auge de la música electrònica y el **Acid House**. Los colores fluorescentes inundan las pistas de baile.

El plan B

Después de recorrer Londres de punta a punta volvimos a casa muy desanimados: el plan no había funcionado. Y ya hacía más de tres días que faltaba *Jack*.

—¡No lo entiendo!, si casi nos detiene la policía por llamar la atención —se quejó Marc.

De nada habían servido las crestas e imperdibles. No habíamos conseguido atraer al ladrón.

Ya era la hora de merendar y pensé que lo único que podía animarnos eran unas cuantas magdalenas de chocolate. ¡A Matilde le salían de rechupete! Y además... yo tenía también una sorpresa para ella. En cuanto Álex olió la merienda, se olvidó de nuestro fracaso por las atracciones de Londres.

—¡¡¡Magdalenas!!!—dijo abalanzándose sobre ellas, y luego ya sólo—: ¡¡¡Hmmmgrññññ!!!

Liseta se comió la suya, pero tampoco estaba NADA contenta.

—¡Ni siquiera me habéis dejado ir de *shopping**! —protestó.

Mientras, el pobre Marc miraba las magdalenas con ganas y acariciaba a *Kira*, todavía de dos colores. Malditas alergias...

—¡GUAU!

Kira, en solidaridad con Marc, renunció a lamer las migas del suelo que dejaban caer Álex y Liseta.

No podíamos dejarnos vencer. Teníamos que encontrar otra solución. Entonces entró tía Angelina. Buscaba a Matilde.

—¡Estoy como loca! —exclamó—. Tengo que terminar los preparativos para la fiesta, invitar a los perros de mis amigas, comprobar que no falte pienso ni huesos para decorar las mesas... —Se detuvo un momento—. Matilde, querida, ¿ha llegado ya toda tu banda? Porque necesitaréis ensayar...

¡GLUPS! Sí. Ya habían llegado. Pero Matilde seguía inquieta por la atención que le prestaban las revistas... y cómo lo tomaría Paul. Y eso que las fotos no podían ser más tontorronas.

—¡No podemos dejar que los miedos nos paren! —exclamé, guiñándole un ojo—. Lo único que tienes que hacer es invitar a Paul a venir aquí.

—¡Claro! —me apoyó Liseta—. Él sabe que nada de eso es importante.

Álex y Marc también estaban de acuerdo. ¡Matilde nos abrazó a todos!

—Tenéis razón —reconoció—, es sólo que tengo miedo de que mi estúpida fama lo estropee todo entre nosotros... ¡pero se acabó!

Y entonces... ¡apareció mi sorpresa!

—No dejaremos que nada se interponga entre nosotros..., y menos unas fotos en las que, por cierto, estás guapísima.

¡¡¡ERA PAUL!!!

Álex, Marc, Liseta, *Kira* y yo sonreímos y los dejamos un momento a solas.

¡Bien!, La Banda cobraba nuevas fuerzas, pero todavía no habíamos encontrado a *Jack*.

Tía Angelina levantó la vista de sus papeles sin percatarse del momento romántico entre Matilde y Paul.

—¿Qué os parece la invitación? —nos preguntó.

Miss Angelina, Jack, Blackie, Velvet, Mika, Pink y Royal tienen el placer de invitarle

Al baile de Disfraces en Blanco y Negro, en beneficio del Refugio para Perros Abandonados

Hotel Savoy, 19.00 h.

Dresscode humanos: Blanco / Negro (o los dos)
Dresscode perruno: pelaje limpio y sin pulgas, por favor.

S.R.C.

Entonces, tuve una idea.

—Tía Angelina, ¡tienes que invitar a Amanda!

—¿A quién? —preguntó—. ¿A esa señora algo majareta que tiene cinco ex maridos?

—Tengo la corazonada de que tiene algo que ver con todos los líos de los perros y de los huesos; ¡su foto estaba en la cámara del ladrón!

Y entonces... ¡se me ocurrió otra idea! ¡Guau, ideas de dos en dos!

—¡Chicos, ya sé lo que tenemos que hacer para atraer al ladrón! —les dije. Todos me miraron interrogantes—. ¿Habéis visto la fuerza de las revistas? ¡Usémosla! ¡Tenemos que salir en TODAS las portadas con un perro bicolor!

—¡Genial, Zoé! —exclamó Marc—. ¡Qué buena idea! Pero ¿cómo?

—Muy fácil, poniéndonos junto a Matilde y Paul en la fiesta de tía Angelina.

La idea consistía en que todo el mundo nos viera en los periódicos con un perro arlequín. Incluido el ladrón. De esta manera, podríamos echarle el guante y recuperar a *Jack*. (Y a los demás perros, insistió *Kira* con un sonoro «GUAU».)

El diario de Liseta

Cómo descifrar una invitación

Dresscode: significa cómo tienes que ir vestido.

S.R.C.: Son las iniciales de «Se Ruega Contestación».

La libreta de Zoé

La Receta de Magdalenas de Chocolate de Zoé

INGREDIENTES

1 tableta de chocolate sin leche

1 huevo

1 vaso de leche

250 gramos de harina

2 cucharaditas de postre de levadura en polvo

1/2 vasito de aceite de oliva o medio paquete de mantequilla (que habrá que fundir)

CÓMO SE HACE

Lo primero, pedir que un adulto supervise la operación. Después:

1. Mezclar la leche con el aceite o la mantequilla fundida y el huevo batido en un bol.
2. Cuando esté la mezcla sin grumos, añadir despacio la harina dando vueltas. Añadir la levadura y el azúcar. Agregar el chocolate rallado y mezclarlo todo bien.
3. Repartir la mezcla en papeles de magdalena.
4. Cocer al horno a 180º unos 25 minutos.

Una cuestión de vestuario

Pero la fiesta de tía Angelina no era una fiesta cualquiera... y Liseta nos lo recordó.

—Es una fiesta de disfraces, y en blanco y negro —señaló—. ¡Y no tengo nada que ponerme! —se lamentó.

Y lo dijo con TODOS sus vestidos desparramados por la habitación.

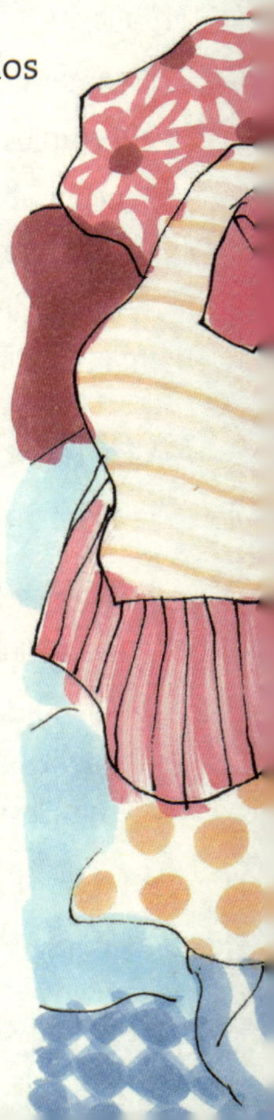

—Ponte un disfraz de perro dálmata —le sugirió Álex—, sería de lo más apropiado para la ocasión, je, je...

Liseta se volvió muy ofendida. ¡Dálmata, ella! ¡Hummm! Álex no entendía **NADA** de moda; estaba claro...

—¡O encuentro un disfraz apropiado o no tendré tiempo de maquillar a *Kira*! —amenazó Liseta.

Álex, Marc y yo nos miramos preocupados. ¡Teníamos que encontrar una solución o nuestro plan se vendría abajo!

Álex y yo nos levantamos de un salto y fuimos a pedir ayuda a Matilde. Estaba en su cuarto revisando los baúles en los que guardaba la ropa para su gira.

—¡¡¡GUAUUU!!!

Esta vez tampoco fue *Kira*, fui yo.

—Hay que traer aquí a Liseta —dijo Álex—. ¡Lo va a flipar!

—Querrás decir que le va a encantar, ¿no? —dijo Matilde riéndose.

—Sí, claro... eso... quería decir... —dijo Álex— encantar, je, je.

Álex salió como una flecha y volvió acompañada de Marc, y de Liseta...¡con los ojos vendados!

—¡Sorpresa! —gritamos Matilde, Álex y yo.

—¡Guau!, Guau! —Bueno, y *Kira*.

Los ojos de Liseta se abrieron tanto que parecían los focos de un coche, y de su boca comenzaron a salir sonidos extraños...

—AHHH... UHHHH... IIIHHHH...

—Lo siento, Matilde —dijo Álex—, pero esto no le ha encantado: ¡la ha hecho FLIPAR!

Matilde comenzó a sacar uno a uno los vestidos de los baúles: uno completamente blanco como una nube de plumas de cisne, y otro, muy rockero, con estampado de cebra, y otro...

—¡Me lo pido! —exclamó Liseta, levantándose de un golpe.

Los vestidos de Matilde habían hecho el milagro.

¡Liseta se había recuperado!

El diario de Liseta

¡ME CHIFLA EL ARMARIO DE MATILDE!

Matilde como la novia de Frankenstein... ¡terrorífica!

Casi casi como Elizabeth Taylor en su gran película *Cleopatra*.

El lago de los cisnes...
por Matilde.

¿Es Audrey...
o Matilde en
My fair lady?

Matilde Picapiedra...
¡yabadabaduuu!

¡Vaya una gala!

Al día siguiente...

¡Por fin llegó la hora de la fiesta! Todos estábamos correctamente vestidos, peinados y oliendo a jabón.

—¡Preparad antifaces! —ordenó Marc.

—¡A la orden! —respondimos al unísono Álex, Liseta y yo.

Y como remate, nos acompañaba un bonito perro bicolor.

Nos colocamos en medio de la sala, a la espera de llamar la atención de los fotógrafos.

—¡Ey, los pintamonas del perro! ¿Os habéis creído que sois transparentes? Quitaos de ahí, que no nos dejáis ver. —Y todos los fotógrafos se echaron a reír.

¡Vaya! Parecía que ninguno de nuestros planes salía como teníamos pensado. ¡Menos mal que entraron Matilde y Paul, tan guapos! Pero nada otra vez.

—¡Matilde, Paul! —pidieron los fotógrafos—. ¡Al centro! ¡Separaos de esas garrapatas que se os han pegado!

Entonces entraron, enmascarados, una dama alta y rubia y un caballero... vestido de arlequín.

—¿Quién es ese tipo? —preguntó Marc—. Me suena de algo...

—No te puede sonar porque no se le ve la cara. Será otra cosa... —respondió Álex—. Pero ¿qué hace leyendo la invitación del revés?

—¡Ella lleva un traje divino! —suspiró Liseta—. Y ese perfume... ¡Mmmm!

—¿No creéis que nos miran con demasiada insistencia...? —señalé yo.

El hombre vestido de arlequín le dijo algo en voz baja a la señora, que nos señaló y después se rió.

—¡¡ATCCHIISSSS!! —Marc había estornudado con tanta fuerza que casi me tira.

—¡Vaya! —dijo sorprendido—, no estornudaba con tanta fuerza desde que Amanda se duchaba con litros y litros de perfume... ¡puagh!

La señora rubia se puso en medio a ver si le hacían alguna foto, pero los fotógrafos seguían disparando sus cámaras sobre Matilde y Paul.

Liseta lanzó un largo suspiro... ¡Paul era tan guapo! Y después, sin *Kira*, intentó colarse junto a ellos... para variar.

—¡Apártate, chincheta rubia, que estropeas la foto!

Liseta se apartó muy ofendida mientras Marc empujaba a *Kira* para que posara junto a Matilde y Paul. Entonces, el hombre disfrazado de arlequín se acercó hacia nosotros trayendo del brazo a su acompañante; **¡uf!**, aquella dama llegaba envuelta en una nube de perfume AGOBIANTE. Y Marc se puso, otra vez, a estornudar.

—¡¡¡¡ATCHIIISSS!!!!

Y a toser ...

—¡¡¡COFF, COFF...COFFFF!!!

Y a lagrimear.

—No lo entiendo —se lamentó—, no tenía un ataque tan fuerte desde que Amanda...

—¿Desde que Amanda qué? —lo interrumpió una voz conocida desde debajo de un antifaz.

—¡Desde que Amanda se duchaba con litros de asqueroso y pestilente perfume! —exclamó Álex.

La dama alta y rubia se acercó hasta donde estaba Álex y se levantó el antifaz.

¡Era Amanda!

—¡Ja, ja, ja! Sigues tan impertinente, mocosa y mal vestida como siempre —respondió.

—¡Y tú provocas alergias por donde pasas! ¡¡ATCHIIISS!! —estornudó Marc.

¡Uf!

Y entonces, Amanda cambió de tono y se volvió hacia mí.

—¿Y tu adorable papá, Zoé querida? ¿No estará por aquí, por casualidad?

—No. Está en Tokio, Japón, Asia, el Mundo, el univeeeeeeeerso —cortó Álex—; muy lejos de usted.

Amanda se volvió hacia Álex, enfurruñada.

—¿Y quién te ha preguntado a ti, moco sabelotodo? —exclamó—. Lo que me digas me resbala, porque estoy aquí con mi futuro SEXTO marido.

—¡¡¡¡¡ATCHISSSS!!!!!

El perfume de Amanda estaba provocando en Marc un ataque de alergia agudíiiisimo. Marc estornudó, y estornudó, y estornudó, y estornudó... justo cuando un camarero se acercaba a Amanda con una bandeja llena de copas y... **¡¡CATÁSTROFE!!**

Y... ¡¡CLACK, CLACK, CLACK , CLACK!!

Por fin, los fotógrafos se fijaron en Amanda. ¡Y en Álex, en Liseta, en Marc, en *Kira* y en mí, y nos inmortalizaron en una foto! Eso sí, en medio de botellas voladoras, copas que saltaban por los aires y... ¡la cubitera que aterrizaba en la cabeza de Amanda! ¡¡¡Vaya foto!!!

¡Sí!, habíamos conseguido nuestro objetivo de salir en todas las PORTADAS, pero Amanda no iba a perdonarnos jamás...

Oh, Cuore mío!

LOVE INSIDE

MENUDA FIESTA!

o es una aventura de los payasos del circo...¡son electos invitados del Baile de Disfraces del Savoy!

que se esconde debajo de la cubitera es la seño-**igaret**, recién divorciada de su quinto marido, un magnate de productos congelados, ¡qué casualidad! Si estaba buscando un disfraz refrescante para dejarnos helados, ¡realmente lo consiguió!

K.O.

Todo sale mal

Amanda estaba furiosa como nunca antes la habíamos visto.

—¡Fujetazzme o me caddgo a cuatdo niños y un pedddo-ooo! —gritaba fuera de sí. Con la cubitera aún en la cabeza, apenas se la entendía al hablar.

—¡Ha dicho «PEDO»! —exclamó Álex—. ¡JA, JA, JA!

—¡PYG, quítame ezto de la cabezaaaaa! —seguía gritando Amanda fuera de sí.

¡Pyg! ¡George Pyg! El famoso coleccionista de huesos de dinosaurio... que en ese momento trataba de sacarle la cubitera a Amanda tirando con todas sus fuerzas.

—Eso pasa por peinarse con tanto volumen —nos susurró Liseta.

—¡Te he oído, mini yo de pacotilla! —gritó Amanda muy ofendida—. Ya quisieras tú mi pelazo.

Matilde se acercó para ayudar a Amanda e impedir que los fotógrafos siguieran haciendo más fotos... y se partieran de risa.

—¡Vamos a comenzar la actuación! —anunció a todo el mundo. Luego me dijo, bajando la voz y en un aparte, aunque se le escapaba la risa—: Zoé, llévate a Amanda y a su cubitera a refrescarse un poco a la habitación de al lado, *please*.

Mientras sonaban los primeros compases del último hit de French Connection, *Love or money*, empujamos a Amanda con disimulo hacia la habitación de al lado.

—¡**Eh!** —gritó Marc—. Pero ¿qué hace?

Pyg había birlado una chuleta del buffet y estaba atrayendo con ella a *Kira* hacia la puerta de atrás.

—¡*Kira*, NOOOOOO! —grité.

Demasiado tarde. ¿Por qué tenía que ser *Kira* incapaz de resistirse a una chuleta? George Pyg, el acompañante de

Amanda, el caballero disfrazado de arlequín, el hombre que leía la invitación al revés y que a Marc le sonaba de algo... había colocado un bozal y una correa a *Kira* y se había volatilizado.

George Pyg, el coleccionista de huesos, era también el ladrón de perros.

***Kira* y él se habían desvanecido. Sin más.**

Las notas de Marc

FAMOSOS COLECCIONISTAS DE HUESOS

Andrew Carnegie fue el más famoso de todos.

Nació en una familia muy pobre en Escocia en el siglo XIX y acabó siendo el millonario Rey del Acero en Estados Unidos.

Le apasionaban los dinosaurios y fundó un museo en Pittsburgh. Su mayor deseo era exhibir allí un esqueleto completo de dinosaurio y lo consiguió.

La réplica todavía puede verse en el Museo de Historia Natural de Londres.

Un trato con Amanda

Marc no daba crédito. ¡Claro! El hombre vestido de arlequín era el mismo de las fotos que habíamos visto en la cámara: George Pyg. El ladrón de perros. El famoso paleontólogo. ¡Y el futuro sexto marido de Amanda!

Ahora teníamos un problema doble: habían desaparecido *Kira* y *Jack*. Y eso sin contar al resto de los otros perros desaparecidos.

Matilde vino corriendo en cuanto terminó su actuación. ¡Estábamos desolados... especialmente yo!

—¡Ha sido por mi culpa! Fue idea mía lo de usar a *Kira* como cebo —dije, sollozando.

—¡Era una buena idea, Zoé! —respondió Matilde—. No sirve de nada buscar culpables. ¡Hay que seguir adelante con el plan!

—El plan consistía en salir en los periódicos para que el ladrón de perros nos buscara y le echáramos el guante... ¡pero se nos ha adelantado! —precisé.

—Ya… —dijo Liseta, estirándose uno de sus rizos—, pero lo inesperado también tiene su parte positiva: algo con lo que no contábamos… hay alguien que puede llevarnos hasta el ladrón.

—¡Claro! —dijo Marc, saltando de alegría—. ¿Cómo no se me ha ocurrido a mí?

—Pero ¿QUIÉN? —preguntamos impacientes Álex y yo.

—¡AMANDA! —exclamaron Liseta y Marc.

Amanda… ¡GLUPS! La habíamos dejado en una habitación al cuidado de Seiji y nos habíamos olvidado de ella.

En ese momento, una mano se posó suavemente en mi hombro. ¡¡¡AHHHH!!!

—Quelida Zoé, Seiji no quelel molestal pelo señola cubo en la cabeza estal muy enfadada y quelel lompel todo si no sacal… ¡y Seiji no podel!

Efectivamente, Amanda estaba de muy mal humor.

—¡Vamos! —dijo Matilde—. No sirve de nada dejarse vencer por los pequeños miedos, ¿no, Zoé? —me dijo, recordándome mis propias palabras.

Matilde tenía razón. ¡Había que enfrentarse a Amanda y a su mal genio. Y de nada nos serviría esperar. Pero el mal genio de Amanda no era un pequeño detalle, sino un **ENORME DETALLE**...

—¡¡¡¡GRRRRAAAAAHOOOOHHHHHH!!!!

—¿Alguien ha metido un león en la habitación con Amanda? —preguntó Álex inquieta.

—No —respondió Seiji—, sólo sel Amanda... Señola un pelín aglesiva.

Tragamos saliva y entramos todos a la vez.

—¡Facadddmeee eddtooo de la cabezzzaaaa o **MA-TO**!

—Amanda, cálmate; soy Matilde —dijo mi hermana tocándola suavemente en el brazo—. Vamos a tratar de quitarte la cubitera, ¿de acuerdo? Pero primero te tienes que relajar.

—¿Cómo quieddes que me delaje con ezta COZA de zombreddo? —tronó Amanda.

—O te relajas o te llevamos a una ferretería para que te abran como a una lata de mejillones. —Matilde sonó muy convincente, y sus palabras hicieron el efecto deseado.

—¡Eztá bien! PEDO daos pdisa —respondió.

—¡Ha vuelto a hacerlo! —se rió Álex—. ¡Ha dicho «PEDO» otra vez!

—¡¡GRRRRAAAAAHOOOOHHHHHH!!

Toda La Banda se puso manos a la obra. O pies a la obra. Porque apoyamos los pies contra el respaldo y las paredes y tiramos con TODAS nuestras fuerzas de la cubitera y... ¡¡LO CONSEGUIMOS!!

Salimos despedidos con la cubitera, rodando hasta la pared de enfrente.

—¡Aleluya! —exclamó Amanda al verse libre del cubo.

Algo había caído del cubo al suelo. Marc lo recogió.

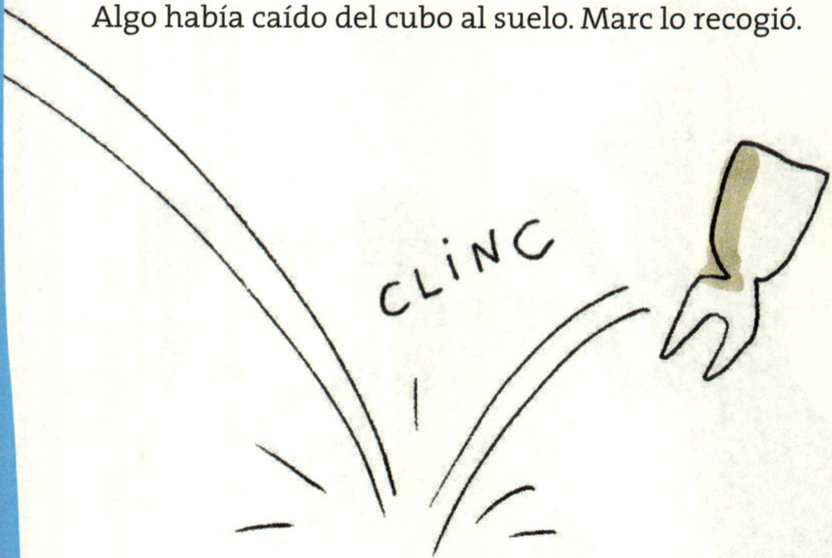

—Parece un diente —apuntó—. Un diente de IGUANODONTE.

—No te rías, que ya sabes cómo es Amanda —le recordó Matilde.

—¡Escóndelo! —exclamó Álex.

—¿Qué andáis fuchicheando? —preguntó Amanda—. Fejadme vedme en ese efpejo —pidió, apartándonos de su camino—. ¡¡¡¡ARGGHHHHH!!!! ¡Mi DIENTEEEEE!

Amanda había perdido uno de los dientes delanteros.

—Está bien, Amanda; no es más que un pequeño detalle —dijo Álex—, y si no lo encuentras siempre puedes pedirle a tu amigo Pyg que te preste un diente de iguanodonte... Je, je.

—¡No puedo zalid zin diente! —sollozó Amanda—. Tengo una deputación que mantened...

—No te preocupes —dijo Álex—, Liseta conoce a un dentista muy bueno, ¿verdad?

—¡Oh, sí! —confirmó Liseta.

—Está bien: hagamos un **TRATO**. Nosotros te llevamos al dentista y tú... nos llevas a dondequiera que sea que esté tu amigo Pyg.

—No fé donde vive, zólo zé que teníamoz que encontdadnos mañana en las caddedas de Azcot.

—¿Ha dicho Ascot? —preguntó Liseta—. ¿Carreras de Ascot? ¡SÍIIIIII, POR FIN!

Liseta iría a las carreras y nosotros atraparíamos al ladrón.

No había que dejarse vencer por los pequeños miedos, ni tampoco por los grandes... Lo que parecen leones, a veces son sólo... Amandas.

El diario de Liseta

ROYAL ASCOT

Las carreras de Ascot son toda una institución en Inglaterra. Cada año, en el mes de junio, las damas sacan los sombreros más extravagantes y los caballeros sus chaqués y se reúnen en el hipódromo para presenciar las carreras de caballos.

¡Ascot es un auténtico desfile de modelos estrambóticos!

En las carreras

Al día siguiente Amanda accedió a colarnos en las carreras de Ascot. A cambio, Marc le devolvió su diente y Matilde la acompañó al dentista.

Cuando salió de la consulta, volvía a ser la Amanda de siempre.

—¡Sois unos chantajistas de medio pelo! Ni se os ocurra estropearme mi cita con Pyg y su Rolls Royce... ¡Humm!

—No te preocupes, Amanda, pero si quieres gustarle... ¡mejor maquíllate un ojo de cada color! —le sugirió Álex.

—Y cuidado con el hielo, es malo para la dentadura —se rió Marc.

Liseta y Matilde se habían encargado de buscarnos el atuendo apropiado para ir a Ascot. Amanda había exigido que cumpliéramos con la etiqueta.

—El sombrero es obligatorio para las señoras —precisó Liseta.

—¡Puaghh! —exclamó Álex—. ¿Y a esto le llamas tú sombrero? —preguntó señalando el suyo.

—Necesitamos todas las herramientas posibles para solucionar este caso —se rió Liseta.

—¿Y yo tengo que llevar TODO un taller mecánico? —se quejó Álex.

Entonces apareció Amanda; ¡había vuelto a superarse una vez más!

—¡Guau! —exclamó Álex—, imaginaba que iba a dejarnos helados pero se ha puesto en la cabeza todo el casquete polar! —exclamó Álex riéndose.

—¡Liseta! ¿No te olvidas de algo? —comprobé. El bolso de Liseta siempre nos sacaba de algún apuro.

—No te preocupes, Zoé; tengo mi bolso —respondió—. Pero esta vez vamos más que cubiertos: he hecho un trabajito especial en el sombrero de Álex...

Álex gruñó bajo su inmenso tocado que escondía llaves inglesas, transmisores y hasta... antena parabólica.

Cuando llegamos a Ascot, Liseta fue la primera en divisar algo interesante.

En las carreras

En las carreras

—¡Oh!, ¿no es ésa la reina del pop? —suspiró señalando a una mujer.

—Sí, ¡no seas paleta, criatura! No se señala con el dedo, ¡qué vulgaridad! —la regañó Amanda, y luego saludó—: Jelou, *my dear*!

—¡Oh! ¡Ah! ¡Uh! Y ésa... ésa... ésa... ¡es la REINA! *The Queen!* ¡A secas! —exclamó Liseta señalando de nuevo ante el enfado de Amanda.

Efectivamente: una señora con sombrero y varios perros pequeños se acercaba por la izquierda.

—Se llaman corgies —precisó Marc.

Mientras, por la derecha, llegaba George Pyg ¡con *Kira* sujeta por una correa!

—*Darling!* —le llamó Amanda—. *Jelou!*

Pyg vio a Amanda, y luego nos vio a nosotros. Trató de echar marcha atrás. Y entonces...

—¡Zoé! —gritó Marc—. Ese señor con gafas... ¿no es tu PADRE?

¿Papá?

¿Allí?

¡¡¡SÍ!!!

Amanda lo descubrió al segundo... y se olvidó de Pyg.

—Pero *darling*! ¡Qué alegría tan inesperada! —dijo, toda empalagosa.

Papá se acercó a darme un GRAN beso y saludó después a Amanda.

—¡Mi querida Zoé! Angelina me ha dicho que estabais aquí. ¡En la próxima carrera corre *Joie de Lire*!

Joie de Lire es uno de los caballos de papá. Todos tienen nombres largos y muy difíciles de pronunciar.

Y papá SIEMPRE aparece como por arte de magia cuando menos te lo esperas.

¡Estaba tan contenta de verlo! Pero no podíamos olvidarnos de nuestro plan.

Marc comenzó el operativo: colocar un transmisor en el collar de *Kira*. Lo necesitábamos para que nos indicara el camino hasta el escondrijo de Pyg, de los perros... y de *Jack*. Y entonces fue cuando todo se complicó ENORMEMENTE.

—¿Donde está el transmisor? —preguntó Marc.

—Dentro del bolso de Liseta —respondí yo.

—¡Esperad a que lo encuentre! —dijo Liseta. Abrió el bolso y sacó un casco de jockey, una fusta, galletas para caballos, unos prismáticos y unas botas de montar.

—Liseta ha venido sin nada —dijo Álex burlándose.

—¡No te rías, Álex! ¡No está aquí! —exclamó Liseta—. Juraría que lo había puesto... ¡ya sé! Está en el sombrero de Álex.

—Búscalo, Álex —susurró Marc.

—¡No puedo ver! Con todo lo que me ha puesto Liseta en el sombrero... —respondió Álex palpándose la cabeza.

—¡Pásame lo que sea! —exclamó Marc—.¡Pyg se va!

Álex le pasó lo que creyó que era el transmisor a Marc. Pero se equivocó de aparato.

—¡Ya está! —exclamó Marc—. Ya le he colocado a *Kira* el transmisor.

Nos separamos de Pyg y de *Kira* y esperamos a que comenzara la carrera en la que iba a correr el caballo de papá cuando...

—Pero ¿qué hace ese chucho en la línea de salida? —preguntó Amanda señalando a *Kira*—. ¡¿No irá a correr?!

¡¡GLUPS!! ¡*Kira* se había colocado junto a los caballos y tenía toda la pinta de que iba a participar en la carrera!

Álex se había confundido y en lugar del transmisor le había dado a Marc un **ACELERADOR DE VELOCIDAD**.

¡El acelerador de velocidad funcionaba! Pero nuestro plan NO.

En ese momento se dio el pistoletazo de salida de la carrera y *Kira* salió disparada hacia la meta.

—¡Sí! ¡*Joie de Lire, Joie de Lire*! —gritaba papá—. Pero ¡¿qué es eso que está a la cabeza, un perro?!

¡SÍ! Se veía muy claro en la Foto finish*: *Kira* había cruzado la línea de meta una cabeza por delante de *Joie de Lire*.

Un perro había ganado la carrera en la historia de Ascot, por primera vez.

¡¡¡GUAUUUUUU!!!

¡Si Kira hablara!

Corgies

Los perros de la Reina.

Es una raza muy vivaracha de patas cortas y ojos astutos. Tiene grandes aficionados.

*Foto finish

Es la foto que se toma en la meta de las carreras de caballos y que determina quién es el ganador.

La extraña pareja
ASCOT

Por desgracia, las reglas de Ascot no contemplan que un perro —perrita, perdón— pueda ganar una carrera, por lo que *Kira* fue descalificada.

¡¡OOOOHH!!

Pero entonces, ¡el caballo de papá se alzó con el triunfo! ¡Bien! Los fotógrafos lo retrataron junto a Matilde y... Amanda. Se había pegado a él como un chicle a la suela de un zapato! ¡Uf!

Mientras hacían las fotos, Pyg aprovechó para recuperar a *Kira*.

—Venga, perrito... encuéntrame ese hueso que has escondido en algún lugar...

¡Era su última oportunidad! Pero el acelerador de velocidad volvió a hacer de las suyas...

—¡Oooooh! Pero ¿adónde me llevas? ¡SOCORRO! —gritó Pyg mientras *Kira* lo arrastraba.

Por fin, *Kira* nos estaba guiando hacia la guarida de Pyg. Y a toda velocidad.

En ese momento, llegó Paul con su moto a buscar a Matilde.

—¡Rápido, Paul, sigue a ese hombre... y a ese perro! Lo siento chicos —dijo Matilde—, pero no podemos ir más de dos en la moto.

Salieron raudos detrás de *Kira* y de Pyg mientras nosotros nos quedábamos plantados.

—¡Rápido! —exclamó papá—, ¡subid a *Joie de Lire*! ¡Es el más rápido!

¡Claro, qué buena idea!

Álex, Liseta, Marc y yo salimos galopando detrás de *Kira* y de Pyg... y de Paul y de Matilde. ¡Qué panorama!

—¡Cuidado! —gritó Liseta.

¡Un autobús de DOS pisos! ¡UF! Menos mal que *Joie de Lire* consiguió saltar. Seguimos aquella persecución tan loca hacia el exterior de Londres. Aquella zona me sonaba. Estábamos muy cerca del Palacio de Cristal, el parque de las estatuas de los dinosaurios. Y entonces...

—¡OOOOOHHHH! —gritó Liseta agarrándose con fuerza a *Joie de Lire*.

Efectivamente, estábamos en el parque del Palacio de Cristal porque... ¡*Joie de Lire* acababa de saltar por encima de dos dinosaurios! Bueno, de estatuas de dinosaurios.

—¡Mirad! —gritó Marc—. *Kira* entra en la Galería de Mrs. Oink... **¡no puede ser!**

Efectivamente, *Kira*, seguida de Pyg, agarrado como podía a la correa de mi perra, entraba en tromba en la Galería con Matilde y Paul pisándoles los talones. Y los terceros de esa loca, loca carrera, fuimos nosotros ¡a lomos de *Joie de Lire*!

Mrs. Oink nos recibió sorprendida... pero no demasiado.

—¡George! Creí que íbamos a ser más discretos...

¿George? ¡Mrs. Oink y George Pyg escondían algo! ¡Hummm!

Cuando Mrs. Oink dijo que el famoso paleontólogo era capaz de cualquier cosa para hacerse con el hueso, quería decir... cualquier cosa. ¡Incluso hacer creer a Mrs. Oink que estaba enamorado de ella!

—¡Alto ahí! —gritó Marc—. Mrs. Oink, ¿dónde están los perros? Y no disimule, porque lo sabemos TODO...

—¡Pero si no es verdad! —susurró Álex.

—¡Calla! A esto se le llama tirarse un farol... —dijo Marc.

Mrs. Oink cambió de color hasta ponerse casi morada.

—¡George! Te dije que esto era muy peligroso; yo te hubiera dado el diente... mis huesos... el dinosaurio entero... pero ¡tuvieron que venir un perro y estos cuatro Sherlock Holmes de pacotilla para estropearlo todo!

¡Y entonces Mrs. Oink se abrazó a George Pyg tan fuerte que estuvo a punto de asfixiarlo!

—¡Soy inocente! —gritó Mrs. Oink—. ¡Y él también!

Pero *Kira* tiró de un picaporte y la puerta se abrió... Y por ella salieron un montón de perros, y todos con un lado de la cara blanco y el otro negro; y entre ellos... **¡¡JACK!!**

Lo habíamos conseguido. ¡Sí!

Matide y Paul se acercaron hasta donde estaban Pyg y Mrs. Oink, abrazados. Entonces Paul se quitó el casco de la moto y...

—¡No puede ser! —exclamó Mrs. Oink—. ¡Apártate, Pyg! —dijo empujando al paleontólogo—. ¡Es PAUL, de FRENCH CONNECTION!

Paul contempló estupefacto cómo Mrs. Oink saltaba con gran agilidad por encima del señor Pyg y se le echaba en los brazos... estrujándolo.

—¡Fue él! —se chivó Mrs. Oink señalando a Pyg—. Me dijo que estábamos hechos el uno para el otro y que ningún dinosaurio se me podía comparar... pero YO lo vi en una revista con una fresca llamada Sigaret. ¡Me engañó!

Entonces llegaron los agentes de Scotland Yard y trataron de despegar a Mrs. Oink de Paul, pero ¡no había manera!

Matilde me guiñó un ojo.

—¿Ves, Zoé? La policía siempre sabe mucho más de lo que parece... y la fama también tiene consecuencias... incluso en nuestras aventuras.

¡Pobre Paul!

Un final feliz... por ahora

Ese mismo día, Paul devolvió el diente robado a la policía. ¡Salió en todas las portadas junto a Matilde, otra vez!

¡Oh, Cuore mío!

LOVE INSIDE

Las aguas parecen volver a su cauce. **Matilde** y **Paul** fueron vistos saliendo acaramelados de la comisaria de Scotland Yard...

MATILDE Y PAUL: ASUNTO RESUELTO

Papá tuvo que marcharse en cuanto se aclaró el lío del diente y de los perros. ¡Tenía un viaje de negocios a la Patagonia! Pero antes se encargó de que detuvieran a Pyg y a Mrs. Oink.

Y tía Angelina nos esperaba en el salón de su casa con los brazos abiertos. A nosotros y a *Jack*.

—¡Mis salvadores! ¿Dónde está mi perrito? ¡Querido *JACK*!

—¡¡GUAUU, GUAUUU!! —*Mika*, *Royal*, *Blackie*, *Velvet*, *Pink* y *Kira* salieron a saludar. Y ¡sorpresa!, también estaban allí mamá y Nic.

—¡Se acabó la varicela! Así que decidimos venir a Londres de visita cultural. ¿Has estado ya en el museo Británico, Zoé?

—Ejem... sí —dije recordando nuestro accidentado paseo para llamar la atención—. Bueno, no —aclaré—; pasamos, pero no tuvimos tiempo de entrar —dije, recordando que no hay que decir mentiras, por pequeñas que sean. ¡Sólo te causan un lío mucho mayor!

—¿Y has estudiado algo, querida Zoé? —me preguntó mamá—. Bueno, no quiero ni saber qué habéis estado haciendo. Angelina me ha contado algo de una carrera de perros en Ascot y un baile en el que un dinosaurio perdió un diente... ¡pobre hermana mía, cada día está peor! ¡¡No me he creído ni una sola palabra!!

¡Uf! Menos mal... Mamá seguía sin enterarse de nuestras aventuras.

La verdad era que no había tenido tiempo de estudiar mucho, ¡pero tenía que examinarme de historia de los dinosaurios y de capitales del mundo: Londres! Así que, SÍ me lo sabía...

Entonces nos envolvió una corriente de aire como si fuera el suspiro de un dinosaurio...

—Seiji no quelel molestal, pelo señola Sigalet dejal esto pala quelidas Matilde y Zoé.

Matilde abrió el sobre que le dio Seiji.

—¡Es una tarjeta postal de Amanda! —exclamó.

—No puede ser —dijo Marc.

—Sí. Mira, tiene dos gatitos y una cesta de margaritas.

¿Estaría volviéndose majareta Amanda?

—¡Qué monada! —se entusiasmó Liseta.

—Qué cursilada, querrás decir... —dijo Álex.

—¡Se ha casado con su sexto marido! —leyó Matilde—. Se ha marchado de luna de miel, casualmente, ¡a la Patagonia, justo donde está papá!

¡¡¡ARGHHHHHHH!!!

CONSIGUE EL CARNET DE
La Banda de Zoé

Hazlo tú misma.

1. Recorta esta página por la línea de puntos y pega tu foto en el recuadro.
2. Rellena los datos... y echa una firma en la línea de puntos.

¡YA tienes tu Carnet de La Banda de Zoé!

Ahora sólo te falta un caso por resolver...

La Banda de Zoé

Nombre ....

Me chifla ....

No soporto ....

....

LA PRÓXIMA AVENTURA DE LA BANDA DE ZOÉ

LA BANDA DE ZOÉ

Zoé y sus amigos viajarán hasta Los Ángeles en su próxima aventura...

¡La cuna del cine!

Liseta se codeará con las estrellas de sus sueños, Marc aprenderá todos los secretos del buen cine y Álex, por fin, conseguirá destripar una cámara...

¿Y Amanda? Nos prepara una sorpresa... ¡como estrella de una serie de televisión! Y Matilde... triunfará una vez más.

¡Motor, luces... acción! Zoé y su banda... ¡rumbo a Hollywood!